# Gestão de custos

★★★★★

## em pequenos negócios

**Dados Internacionais de Catalogação na Publicação (CIP)**
**(Claudia Santos Costa - CRB 8ª/9050)**

---

Souza, Celso Felix de
Gestão de custos em pequenos negócios / Celso Felix de Souza. – São Paulo : Editora Senac São Paulo, 2025.

Bibliografia.
ISBN 978-85-396-5513-7 (impresso/2025)
e-ISBN 978-85-396-5514-4 (ePub/2025)
e-ISBN 978-85-396-5515-1 (PDF/2025)

1. Administração financeira. 2. Gestão de custos. 3. Pequenas empresas. I. Título.

25-2449c CDD – 658.1552
BISAC BUS027000
BUS060000

---

**Índice para catálogo sistemático:**

1. Administração financeira : Gestão de custos : Pequenas empresas 658.1552

Celso Felix de Souza

# Gestão de custos

## em pequenos negócios

Editora Senac São Paulo – São Paulo – 2025

Administração Regional do Senac no Estado de São Paulo

*Presidente do Conselho Regional*: Abram Szajman
*Diretor do Departamento Regional*: Luiz Francisco de A. Salgado
*Superintendente Universitário e de Desenvolvimento*: Luiz Carlos Dourado

Editora Senac São Paulo

*Conselho Editorial*: Luiz Francisco de A. Salgado
Luiz Carlos Dourado
Darcio Sayad Maia
Lucila Mara Sbrana Sciotti
Luís Américo Tousi Botelho

*Gerente/Publisher*: Luís Américo Tousi Botelho
*Coordenação Editorial*: Verônica Marques Pirani
*Prospecção*: Andreza Fernandes dos Passos de Paula, Dolores Crisci Manzano, Paloma Marques Santos
*Administrativo*: Marina P. Alves
*Comercial*: Aldair Novais Pereira
*Comunicação e Eventos*: Tania Mayumi Doyama Natal

*Edição e Preparação de Texto*: Caique Zen Osaka
*Coordenação de Revisão de Texto*: Marcelo Nardeli
*Revisão de Texto*: Meggie C. Monauar
*Projeto Gráfico, Capa e Editoração Eletrônica*: Antonio Carlos De Angelis
*Imagens:* AdobeStock
*Impressão e Acabamento*: Gráfica Serrano


*Editora Senac São Paulo*
Av. Engenheiro Eusébio Stevaux, 823 – Prédio Editora
Jurubatuba – CEP 04696-000 – São Paulo – SP
Tel. (11) 2187-4450
editora@sp.senac.br
https://www.editorasenacsp.com.br

# Sumário

# Prefácio

Em um cenário empresarial dinâmico e desafiador como o brasileiro, a gestão de custos transcende a mera planilha de controle financeiro, tornando-se um pilar estratégico para a sustentabilidade e o crescimento de pequenos negócios. A obra *Gestão de custos em pequenos negócios*, de Celso Felix de Souza, surge como um farol nesse contexto, oferecendo uma bússola precisa para empreendedores e gestores que buscam otimizar suas operações e maximizar sua lucratividade.

O diferencial deste livro é a sua capacidade de traduzir a complexidade da teoria da gestão de custos em ferramentas práticas e acessíveis a qualquer profissional e perfeitamente adaptadas à realidade dos pequenos negócios. Mestre em administração de micro e pequenas empresas, com substancial formação acadêmica, vasta experiência no campo corporativo e atuação educacional em formação profissional, o autor demonstra uma rara habilidade em conectar os conceitos teóricos com os desafios do dia a dia empresarial.

Ao longo do livro, Celso Felix de Souza não se limita a apresentar fórmulas e modelos. Ele convida o leitor a uma jornada de imersão no universo da gestão de custos, desvendando os segredos da otimização de processos, da precificação estratégica e da tomada de decisões financeiras informadas e assertivas. A obra oferece uma visão abrangente e integrada da gestão de custos, abordando desde aspectos conjunturais e legais até nuances comportamentais e socioambientais.

*Gestão de custos em pequenos negócios* se destaca por sua linguagem clara e envolvente. O autor consegue transformar temas complexos em narrativas cativantes, utilizando exemplos práticos e estudos de caso para ilustrar os conceitos e facilitar a aplicação das ferramentas. O resultado é uma obra que não apenas informa, mas também entusiasma e capacita o leitor a colocar em prática os conhecimentos adquiridos.

Mais do que um manual técnico, este livro proporciona um itinerário completo de aprendizado, preparando o leitor para os desafios e oportunidades do mercado. É um verdadeiro guia prático e inspirador que oferece aos pequenos empreendedores, e até a profissionais independentes, as ferramentas necessárias para transformar seus negócios em organizações mais eficientes, lucrativas e sustentáveis.

Admiro Celso não apenas por sua expertise acadêmica e técnica, mas também por sua integridade e ética. Sua abordagem inovadora (particularmente evidente no capítulo 2, sobre custo comportamental) e comunicação descomplicada tornam este livro uma leitura indispensável para quem deseja prosperar em seus pequenos negócios.

Espero, leitor, que este livro o motive a ver os custos como oportunidades de crescimento e inovação, trilhando o caminho do sucesso empresarial com sustentabilidade e responsabilidade financeira.

Uma ótima jornada de leitura!

EDSON J. DIAS

*Doutorando em redes organizacionais e inovação (USCS), mestre em administração e empreendedorismo (Unifaccamp), pós-graduado em logística empresarial e gestão da cadeia de suprimentos (Uninove) e bacharel em administração e direito (Unifieo).*

# Apresentação

Esta obra é dedicada a empreendedores e gestores de pequenos negócios que desejam otimizar suas operações e maximizar a lucratividade. No ambiente empresarial brasileiro, caracterizado pela complexidade e a instabilidade regulatória e econômica (além da alta competição), controlar os custos é um desafio significativo. Para alcançar a sustentabilidade operacional e o sucesso dos negócios, esforços adicionais são necessários.

Nas próximas páginas, por meio de uma abordagem prática, oferecemos uma visão abrangente da gestão integral de custos. Os capítulos estão organizados de forma a permitir que você, conforme avance a leitura, vá construindo uma base sólida e objetiva de conhecimentos, sem complicações desnecessárias.

Assim, a obra começa com os desafios macroeconômicos e chega até as nuances específicas da gestão microeconômica, combinando conceitos teóricos com narrativas e exemplos práticos para ilustrar as perspectivas da gestão de custos. O objetivo é fornecer as ferramentas necessárias para garantir o sucesso do seu pequeno negócio!

# 1 O custo Brasil

*Você já se perguntou por que seu negócio às vezes parece lutar contra a maré? Por que os custos parecem tão altos e a lucratividade tão baixa? A resposta, muitas vezes, está no que chamamos de "custo Brasil".*

O custo Brasil são as dificuldades estruturais, burocráticas, econômicas e sociais que aumentam o custo de se fazer negócios no país, prejudicando a competitividade das empresas brasileiras no mercado global. Impostos complexos, burocracia excessiva, infraestrutura precária, falta de mão de obra qualificada, juros altos, instabilidade econômica e insegurança jurídica – tudo isso contribui para o custo Brasil.

É como se você precisasse pagar uma série de pedágios para colocar seu negócio em movimento. Esses "pedágios" resultam em ineficiência e dificultam as operações empresariais, desestimulando investimentos e, consequentemente, afetando o crescimento do país. Assim, reduzir o custo Brasil seria essencial para aumentar nossa atratividade como destino de investimentos estrangeiros e estimular o desenvolvimento econômico.

Todas as empresas do país são prejudicadas pelo custo Brasil, mas os pequenos negócios são especialmente vulneráveis, devido a sua menor capacidade econômica para se adaptar a tantos desafios. No entanto, é possível minimizar esses impactos, tanto com medidas governamentais como com planejamento, conhecimento e estratégias eficazes por parte das próprias empresas. É isso que veremos neste capítulo.

## Custo Brasil, um pesadelo para os pequenos negócios

*Custo Brasil: fatores que atravancam o crescimento e a competitividade das micro e pequenas empresas do país.*

Ao longo do processo de produção, há uma série de custos que, embora não sejam atribuídos aos produtos ou serviços, impactam financeiramente toda a operação de uma empresa, no âmbito administrativo e produtivo. São esses custos, decorrentes de fatores e agentes externos, que compõem o custo Brasil: um conjunto de obstáculos que impactam diretamente a lucratividade e o crescimento das empresas, tornando o ambiente de negócios mais difícil e menos competitivo.

O custo Brasil cria uma realidade desafiadora sobretudo para as pequenas empresas, prejudicando sua capacidade de crescimento e aumentando o risco de falência. Em um artigo publicado em 2024, o presidente do Sebrae, Décio Lima, discute a posição paradoxal das micro e pequenas empresas (MPEs) na economia brasileira: apesar de em 2023 terem registrado um crescimento no faturamento duas vezes maior que o do PIB (7% ante 3,2%), as MPEs representam apenas 30% da nossa economia. Em comparação, nos Estados Unidos e na França, as pequenas empresas representam 50% e 60% do PIB, respectivamente.

O cenário é difícil, mas, com planejamento, conhecimento e estratégia, as pequenas empresas podem minimizar os impactos do custo Brasil. Primeiro, porém, é preciso entender as variantes desse custo. A seguir, abordamos seus principais elementos: burocracia, corrupção, juros, impostos, infraestrutura, questões ambientais e insegurança jurídica.

★ **SUGESTÃO**

"Para aumentar a participação das MPE no PIB brasileiro, é essencial que o país adote uma abordagem abrangente [...]. Isso inclui simplificar o ambiente regulatório, facilitar o acesso a crédito e financiamento a taxas compatíveis, promover a inovação e a adoção de tecnologia, facilitar o acesso a mercados internacionais e cadeias de suprimentos, e fornecer apoio à capacitação e formalização dos empreendedores" (Lima, 2024).

Para ler o artigo de Décio Lima, "As pequenas empresas e o paradoxo do PIB brasileiro", escaneie o QR code ao lado:

## O custo da burocracia

Você já parou para pensar por que é tão difícil abrir e manter um negócio no Brasil? A resposta está, em grande parte, no que chamamos de "custo da burocracia" – um componente significativo do custo Brasil. O custo da burocracia corresponde a todo tempo, dinheiro e energia investida para percorrer o labirinto de exigências administrativas, tanto no setor público quanto no privado.

A burocracia afeta os pequenos negócios na gestão do tempo (horas intermináveis preenchendo formulários, buscando informações e aguardando aprovações) e na gestão financeira (custos adicionais para contratar profissionais especializados e manter a regularidade fiscal). Além disso, os processos lentos e complicados podem desanimar até o empreendedor mais entusiasmado.

Os custos elevados de abertura e de operação dificultam a entrada e a permanência no mercado e reduzem a competitividade. O envolvimento incessante com tarefas burocráticas diminui o foco da empresa em sua atividade-fim, prejudicando as vendas e os processos de inovação necessários. Tudo isso acaba aumentando o risco de falência. As oportunidades perdidas, afinal, podem levar pequenos negócios a sucumbir.

Apesar dos esforços recentes para simplificação (a criação do Simples Nacional, voltado a micro e pequenas empresas, e algumas iniciativas de digitalização de serviços públicos, como o Portal Gov.br), a realidade ainda é desafiadora. A complexidade tributária, a multiplicidade de licenças e a falta de integração entre diferentes órgãos continuam sendo obstáculos significativos. No entanto, cresce cada vez mais o reconhecimento de que é preciso simplificar o ambiente de negócios no Brasil.

## O custo da corrupção

A corrupção é um enorme entrave ao desenvolvimento socioeconômico do Brasil. Seu impacto se manifesta de formas diversas, na esfera pública e na esfera privada, prejudicando, por consequência, a gestão e a sustentabilidade econômica das pequenas empresas.

Na esfera pública, a corrupção aparece no desvio de recursos públicos, nas fraudes em processos licitatórios e em favoritismos, criando um sistema ineficiente, que afeta a qualidade dos serviços prestados pelo Estado. Em detrimento do bem comum, o dinheiro que deveria financiar políticas públicas é desviado para atender a interesses privados, e esses desvios resultam em um ambiente regulatório inadequado para fomentar os pequenos negócios.

Na esfera privada, a corrupção se manifesta em subornos, propinas e negociações antiéticas de contratos e parcerias, criando um ambiente no qual as decisões se baseiam em interesses pessoais, e não na eficiência e na meritocracia. Essas práticas provocam incerteza e risco elevado, desencorajando investimentos internos e externos. Além disso, a corrupção dificulta o acesso a financiamentos, uma vez que os credores podem relutar em oferecer crédito em cenários percebidos como corruptos ou instáveis. A corrupção na esfera privada ainda gera distorções no mercado, fazendo empresas menos eficientes se sobressaírem em detrimento das mais inovadoras.

**★ IMPORTANTE**

A necessidade de lidar com a corrupção aumenta os custos dos negócios, diminuindo a lucratividade e a capacidade de investimento. Até as empresas honestas sofrem as consequências, não só pela concorrência desleal com as empresas corruptas, que se beneficiam de vantagens ilegais, mas também porque a qualquer momento podem ser prejudicadas por atos ilícitos de outros, como fraudes ou extorsão.

Há, porém, uma série de ações coordenadas com potencial para combater a corrupção e reduzir seus impactos negativos:

» avançar em reformas que reforcem a transparência e a prestação de contas em instituições públicas e privadas;

» promover um ambiente de negócios que recompensa práticas éticas;

» estabelecer práticas de compliance exemplares e uma política anticorrupção rigorosa;

» criar e proteger canais de denúncia para que práticas corruptas sejam denunciadas sem medo de retaliação;

» educar e capacitar colaboradores e pequenos empresários no que se refere a práticas éticas de negócio e anticorrupção.

**★ SUGESTÃO**

Segundo Ilda Cristina de Borba Zakovicz (2024, p. 38), o compliance “compreende a adoção de procedimentos internos por meio de um programa minuciosamente estruturado para orientar a empresa a atuar no seu ramo de atividade, de acordo com as normas, os regulamentos e as leis em vigor". Ainda segundo a autora, o compliance não se resume a uma iniciativa corporativa ou a um departamento: ele é uma série de atitudes, "uma forma de ser" e de manter a conformidade com as políticas e normas de uma organização.

Se você quer saber mais sobre o tema, consulte o livro de Zakovicz, *Compliance* (Editora Senac São Paulo, 2024).

## O custo dos juros

Há décadas o país enfrenta o desafio das altas taxas de juros, um dos principais componentes do custo Brasil. Os juros altos inibem o desenvolvimento econômico e, em especial, o crescimento das pequenas empresas. Essa realidade se torna ainda mais complexa em tempos como os que vivemos, de incertezas e instabilidade econômica dentro e fora do país.

Para entender como esse cenário afeta especialmente os pequenos empresários, é preciso olhar para a raiz do problema: a taxa básica de juros do país, a Selic (Sistema Especial de Liquidação e Custódia). Historicamente elevada, a Selic se reflete em maior custo de crédito para as empresas brasileiras.

Os juros altos criam um ciclo vicioso que começa com o acesso limitado a linhas de financiamento para o capital de giro (disponibilidades financeiras, contas a receber de clientes e estoques). Devido às altas taxas de juros, os pequenos negócios, que frequentemente precisam de recursos para suas operações diárias (sobretudo em momentos de instabilidade), encontram dificuldade em obter crédito. Essa dificuldade prejudica o fluxo de caixa e a liquidez do negócio, colocando-o em risco de descapitalização.

Nesse contexto, o investimento e a inovação ficam sufocados. Com custos elevados para financiar suas operações, fica difícil para o pequeno empresário investir em novas tecnologias, pesquisa ou expansão, o que prejudica o potencial de crescimento das empresas e sua capacidade de competir em um mercado cada vez mais dinâmico e tecnológico.

Assim, os pequenos negócios acabam em desvantagem competitiva. Os elevados custos financeiros colocam as pequenas empresas atrás das maiores, que têm acesso a crédito mais barato, inclusive governamental, ou recursos próprios para financiar suas operações.

Por fim, tudo isso aumenta os riscos de inadimplência e fechamento. Diante de taxas de juros elevadas, as dívidas crescem rapidamente, aumentando a inadimplência. Essa situação pode levar o pequeno negócio a uma espiral financeira negativa, culminando em seu fechamento.

O cenário atual exige respostas urgentes tanto do governo como do setor privado. É crucial reduzir o custo do crédito para que os pequenos negócios tenham acesso aos recursos necessários para crescer, inovar e contribuir com o desenvolvimento econômico do Brasil. Para isso, há alguns caminhos possíveis:

- **Políticas de crédito apropriadas:** expandir programas de crédito direcionados aos pequenos empresários, reduzindo o custo efetivo do financiamento.
- **Incentivo a modelos alternativos de financiamento:** promover formas alternativas de financiamento, como microcrédito, fintechs e crowdfunding (o financiamento de uma iniciativa pela colaboração de um grupo), entre outras alternativas que frequentemente oferecem taxas de juros mais competitivas e acessíveis.
- **Educação financeira:** capacitar pequenos empresários em gestão financeira, para que melhorem sua capacidade de negociação de crédito e planejamento financeiro (gestão do fluxo de caixa).
- **Redução do risco sistêmico:** trabalhar para a estabilidade econômica, promovendo um ambiente de negócios mais previsível e seguro que, a longo prazo, contribua para reduzir as taxas de juros ao melhorar a confiança das instituições financeiras no mercado.

## O custo dos impostos

É muito fácil se perder em um labirinto de impostos, taxas e contribuições e se frustrar com a complexidade do sistema tributário brasileiro, que impõe uma carga pesada às micro e pequenas empresas. O custo dos tributos, chamados de forma geral de "impostos", impacta diretamente a vida dos empreendedores, comprometendo a lucratividade, o crescimento e, em alguns casos, a própria sobrevivência dos negócios.

Primeiramente, é importante entender as diferenças entre os tributos:

» **Impostos:** são os tributos cobrados pelo governo sem indicação de onde os recursos serão alocados. Não há o dever de uma contrapartida específica em prestação de serviços ou bens para o contribuinte. O objetivo é sustentar os gastos gerais do Estado. Exemplos: Imposto de Renda (IR), Imposto sobre Produtos Industrializados (IPI), Imposto sobre Circulação de Mercadorias e Serviços (ICMS), Imposto sobre a Propriedade de Veículos Automotores (IPVA).

» **Taxas:** são os valores cobrados em função de um serviço específico prestado pelo Estado ao contribuinte ou pelo exercício do seu poder de polícia (regular, fiscalizar, controlar). Exemplos: taxa de coleta de lixo, taxa de iluminação pública, taxa de fiscalização para funcionamento.

» **Contribuições:** são tributos destinados a financiar determinadas atividades para toda a população ou para grupos específicos. Essas atividades podem ser de natureza social, de intervenção no domínio econômico ou de interesse de certas categorias profissionais. Exemplos: Contribuição para o Financiamento da Seguridade Social (Cofins), Contribuição Social sobre o Lucro Líquido (CSLL), contribuição previdenciária oficial ao Instituto Nacional do Seguro Social (INSS).

A carga tributária nacional é formada por numerosos impostos federais, estaduais e municipais, cada qual com suas intrincadas regras e obrigações. Esse sistema fragmentado é extremamente complexo, o que torna o cumprimento das obrigações fiscais um processo difícil e moroso. Além disso, a carga tributária brasileira é bastante elevada, colocando à prova a competitividade das empresas nos mercados interno e externo.

O sistema tributário do Brasil é frequentemente apontado como um dos mais complicados e caros do mundo. O peso da carga tributária é parte significativa dos custos operacionais das empresas, pesando no fluxo de caixa e criando um ambiente de negócios desafiador especialmente para os pequenos.

A complexidade do sistema tributário exige que pequenos empresários invistam significativamente em serviços contábeis e de consultoria. Esses altos custos de conformidade consomem recursos que poderiam ser aplicados em outras áreas críticas do negócio.

A alta carga tributária nacional limita também a capacidade dos pequenos negócios de precificar seus produtos e serviços competitivamente. Isso se dá tanto em relação aos concorrentes nacionais, localizados em diferentes estados com diferentes tributos, como em relação a concorrentes de mercados internacionais com carga tributária mais favorável.

Somam-se a isso, ainda, as frequentes mudanças na legislação fiscal e a variabilidade nas alíquotas dos tributos, que deixam o planejamento financeiro dos negócios mais imprevisível. Nesse cenário, muitos pequenos empresários acabam optando pela informalidade como forma de sobrevivência, o que limita seu acesso a financiamento e a um crescimento econômico sustentável.

Simplificar o sistema tributário é fundamental para reduzir as exigências administrativas e os custos associados. Uma reforma tributária que simplifique a arrecadação e onere menos os pequenos empresários pode promover um ambiente de negócios mais amigável.

Nessa reforma, seria importante expandir os incentivos fiscais direcionados a pequenos negócios, para impulsionar a inovação, os investimentos e a formalização. Hoje, o Estado brasileiro despende milhões de reais em subsídios fiscais para grandes empresas, que têm capacidade econômica muito maior que a das MPEs.

Atualmente, há uma reforma tributária em curso. Em 2025, foi sancionado o primeiro projeto de regulamentação do novo sistema de tributação do consumo: o Projeto de Lei Complementar (PLP) nº 68/2024, que regulamenta a Emenda Constitucional nº 132 e institui a Contribuição Social sobre Bens e Serviços (CBS) e o Imposto sobre Bens e Serviços (IBS). Esse projeto foi publicado como Lei Complementar nº 214/2025.

Está em pauta no Congresso Nacional o Projeto de Lei Complementar nº 108/2024, que propõe criar o Comitê Gestor do Imposto sobre Bens e Serviços (CG-IBS) e estabelece normas para gerenciar e administrar o IBS. Haverá um período de teste para a cobrança dos novos impostos a partir de 2026, e a transição do sistema tributário atual para o novo se estenderá até 2033.

Os empreendedores de pequenos negócios devem ficar atentos a todos os desdobramentos dessa reforma. É preciso acompanhar os impactos fiscais-tributários e financeiros na operação dos negócios e planejar estratégias para enfrentá-los, a fim de que não prejudiquem os resultados da empresa.

**★ SUGESTÃO**

Para aprofundar o conhecimento sobre a reforma tributária em curso, fruto de quase quatro décadas de discussão, escaneie o QR code ao lado:

Também é importante prover educação fiscal e suporte técnico aos pequenos empresários para melhorar a compreensão das obrigações fiscais e garantir o seu cumprimento, minimizando riscos de passivos e penalidades fiscais.

Por fim, caberia ainda investir em tecnologias digitais para facilitar o cumprimento fiscal e reduzir os custos relacionados, com plataformas que efetivamente automatizem a coleta de informações fiscais e o processamento de declarações, sem um emaranhado de procedimentos e regras.

★ **PARA REFLETIR**

O custo dos impostos e a complexidade do sistema tributário brasileiro são desafios significativos que os pequenos negócios enfrentam diariamente. Minimizar esses desafios com reformas e assistência direta aos pequenos empresários é crucial para permitir que eles **não apenas sobrevivam, mas prosperem**.

Com reformas adequadas, o Brasil pode transformar seu sistema tributário em um facilitador do empreendedorismo e da inovação em vez de uma barreira.

## O custo da infraestrutura

Todo dono de pequena empresa sabe o quão desafiador é depender da infraestrutura logística do país. O custo da infraestrutura é um dos principais entraves para os pequenos negócios brasileiros, limitando sua capacidade de competir e se desenvolver. Tal custo é o preço que pagamos, em termos financeiros, operacionais e de eficiência, pelas deficiências na infraestrutura de transporte, energia e telecomunicações. Assim, a falta de investimentos, a ineficiência e as condições precárias impactam diretamente os pequenos negócios, restringindo seu potencial e criando um ambiente desfavorável para a geração de riqueza e empregos.

Imagine a seguinte situação: você é um pequeno empreendedor que precisa transportar seus produtos para o mercado. As estradas, porém, estão em péssimo estado, esburacadas e sem sinalização, o que aumenta o tempo de entrega, o consumo de combustível e o desgaste dos veículos, elevando o custo do frete rodoviário. E os portos, que seriam uma alternativa, estão congestionados, com atrasos no embarque e desembarque de mercadorias. Seu negócio, como se não bastasse, ainda está lidando com frequentes quedas de energia, lentidão na internet e dificuldades para obter licenças e autorizações. Tudo isso gera um custo extra, que diminui os lucros e impede o crescimento de sua empresa.

É no dia a dia do seu negócio, portanto, que o custo da infraestrutura se manifesta: nas estradas ruins, na ausência de ferrovias, na ineficiência do transporte público, na infraestrutura deficiente que impede sua empresa de alcançar novos mercados. Se você está em uma área rural ou remota, essa dificuldade é ainda maior. E a ineficiência não se limita ao momento da entrega de produtos e insumos. Ela se estende a toda a cadeia de suprimentos, resultando em perdas significativas para a economia do país.

*Um caminhão passa por uma ponte sobre o rio Pardo, em Barretos (SP). O transporte hidroviário e o ferroviário são em geral mais baratos, eficientes e sustentáveis do que o rodoviário, mas a falta de infraestrutura nos torna dependentes da alternativa mais dispendiosa.*

Os problemas de infraestrutura nos deixam dependentes de soluções mais caras e menos eficientes, com implicações para a competitividade: os altos custos logísticos do país diminuem a atratividade de nossos produtos no mercado internacional em termos de preço e tempo de entrega.

Para reverter esse quadro, é fundamental que o governo e a iniciativa privada trabalhem juntos, investindo em infraestrutura logística continuamente, a longo prazo e com eficiência. Melhorar a infraestrutura e adotar novas tecnologias é crucial para transformar as condições atuais da economia brasileira. Somente com investimentos estratégicos e medidas políticas adequadas o Brasil criará um ambiente mais favorável aos pequenos negócios, para que eles se tornem mais competitivos e contribuam de forma mais abrangente com a economia nacional.

## O custo ambiental

No cerne do custo Brasil, encontramos o custo ambiental, outra variável que impacta diretamente a competitividade e o sucesso dos pequenos negócios. Esse custo está relacionado aos sacrifícios financeiros diretos e indiretos associados ao impacto das atividades econômicas – impactos não só ambientais, mas também sociais e econômicos. Entender esse custo é crucial para qualquer empreendedor, pois em nosso país ele é especialmente relevante, tendo em vista as riquezas naturais do Brasil e a crescente pressão nacional e internacional por práticas mais sustentáveis.

O Brasil é um país rico em biodiversidade e recursos naturais, mas a exploração desenfreada dessas riquezas vem degradando o meio ambiente, com consequências como desmatamento, perda de espécies e aumento da poluição. O uso insustentável dos recursos tem prejudicado a imagem das empresas e gerado problemas legais. A crescente pressão por regulamentações ambientais mais rigorosas, tanto através de leis nacionais quanto de acordos internacionais, impõe custos adicionais às organizações, relacionados ao cumprimento de normas de emissões, tratamento de resíduos e gestão do uso da água.

Com recursos limitados, pequenos negócios enfrentam dificuldades significativas para se manter em conformidade com a legislação ambiental, o que pode resultar em multas e penalidades. Investir em tecnologias e processos que minimizem o impacto ambiental pode ser trabalhoso e oneroso, pois os custos iniciais, embora resultem em economia a longo prazo, costumam ser altos.

Esse investimento, no entanto, é muito importante. A crescente expectativa dos consumidores e da sociedade por práticas empresariais responsáveis é uma força motriz para que empresas adotem medidas amplas de sustentabilidade. Pequenos negócios, muitas vezes profundamente enraizados em suas comunidades, precisam considerar como suas operações afetam econômica, social e ambientalmente o local onde atuam. A reputação das empresas é diretamente impactada por suas práticas sustentáveis e socialmente responsáveis, podendo melhorar a marca e aumentar a lealdade do consumidor. O engajamento comunitário também é fundamental, visto que o comprometimento com práticas que beneficiam toda a comunidade pode levar a um apoio local mais forte e a parcerias valiosas.

Adotar práticas sustentáveis pode exigir sacrifícios financeiros adicionais inicialmente (por exemplo, investimentos em tecnologia limpa ou em mudanças de processos operacionais). No entanto, as oportunidades de mercado também são significativas. O aumento da demanda por produtos e serviços sustentáveis abre novas oportunidades para negócios que possam oferecê-los.

A longo prazo, a redução dos custos operacionais é outro benefício importante. Eficiência energética e minimização de resíduos podem gerar uma economia significativa. Além disso, o acesso a linhas de financiamento para empresas sustentáveis é cada vez mais relevante. Muitos investidores e instituições financeiras têm se interessado em apoiar negócios com sólidas práticas de governança ambiental, social e corporativa (ESG, do inglês *environmental, social and governance*).

Em resumo, o custo ambiental é um aspecto crítico que as MPEs brasileiras devem considerar em sua gestão. Investir em sustentabilidade é investir no futuro do negócio e do planeta: empresas que priorizam a sustentabilidade têm mais chances de sucesso no longo prazo, pois conquistam a confiança de clientes, investidores e talentos enquanto contribuem para um mundo mais equânime e saudável. As pequenas empresas brasileiras devem procurar integrar as práticas sustentáveis em seu núcleo estratégico, transformando desafios ambientais em oportunidades de inovação e crescimento.

## O custo da insegurança jurídica

Imagine um ambiente de negócios em que as regras do jogo mudam constantemente. A interpretação da legislação é subjetiva; as próprias leis são muitas vezes mal redigidas; a Justiça é lenta e ineficaz; a consecução de um pleito passa, não raramente, pela capacidade econômica da pessoa física ou jurídica que propõe a ação judicial. Essa é a realidade que muitos empreendedores enfrentam no Brasil, o que torna a tarefa de produzir e desenvolver um negócio, por si só já difícil, ainda mais desafiadora.

Se você é um empreendedor, já deve ter se sentido inseguro em relação às normas legais e regulamentadoras que orientam o seu negócio. A insegurança jurídica – marcada pela instabilidade legislativa e a lentidão dos processos judiciais – cria um ambiente incerto para os negócios, impactando a vida de quem empreende.

A incerteza quanto às normas legais futuras complica o planejamento empresarial de longo prazo. Como saber quais investimentos realizar se as regras podem mudar a qualquer momento? A mudança frequente em leis e marcos regulatórios exige adaptações constantes dos negócios. Advogados especializados, consultoria jurídica e alterações em processos operacionais demandam tempo e recursos financeiros significativos, comprometendo o fluxo de caixa da empresa.

A resolução de disputas legais, que em geral também tem alto custo, é demorada, o que desincentiva o uso do sistema judicial para resolver questões comerciais. Essa lentidão compromete a proteção dos direitos dos empreendedores e atrasa decisões importantes para o andamento dos negócios.

A possibilidade iminente de penalizações por multas, processos judiciais e danos à reputação em caso de interpretações divergentes ou mudanças nas leis cria um ambiente de insegurança. Investidores estrangeiros e nacionais podem se sentir desestimulados por esse ambiente. A insegurança jurídica, portanto, é um empecilho para toda a economia do país e, em especial, para os pequenos negócios.

Para aprimorar o ambiente jurídico nacional, é preciso informação, orientação e ação. Só assim podemos torná-lo mais justo, simples e eficiente. A segurança jurídica favorecerá o desenvolvimento econômico e a geração de empregos no país.

## Arrematando as ideias

O custo Brasil é o resultado de diversos fatores que elevam de modo significativo os custos de produção e operação no país, afetando principalmente os pequenos negócios. Entre esses fatores estão a alta carga tributária, a burocracia excessiva, a infraestrutura inadequada e a insegurança jurídica.

Na prática, o custo Brasil se traduz em menor competitividade, dificuldades para expandir operações e obstáculos para participar do mercado internacional. Para muitos empreendedores, isso significa lutar diariamente para manter as portas abertas enquanto sonham com a possibilidade de crescimento.

Particularmente para os pequenos empresários, os gastos extras podem parecer intransponíveis, dificultando o crescimento, a inovação e até mesmo a sobrevivência no mercado.

Contudo, é fundamental reconhecer que, apesar das dificuldades, o cenário atual também apresenta oportunidades para aqueles que souberem se adaptar e inovar.

Como vimos neste capítulo, é possível começar a reverter o cenário negativo tanto com iniciativas governamentais quanto com planejamento, conhecimento e estratégias eficazes das próprias empresas.

# 2 O custo comportamental

*Custo comportamental: mais uma fronteira na gestão de custos.*

A gestão de custos nas empresas, tradicionalmente concentrada em aspectos quantitativos e objetivos, muitas vezes ignora o impacto significativo do comportamento humano. Os custos são em geral analisados de maneira direta, focando em variáveis tangíveis e mensuráveis, como os custos financeiros com materiais e mão de obra produtiva. Contudo, integrar perspectivas comportamentais na análise de custos pode proporcionar uma visão mais holística e eficaz sobre como o comportamento dos colaboradores influencia os resultados operacionais.

Essa perspectiva de gestão abre uma nova fronteira, propondo um paradigma distinto: o "custo comportamental", conceito que integra princípios da economia comportamental e das finanças comportamentais para uma análise mais completa da eficiência e eficácia, o que possibilita maior efetividade na gestão de custos.

O comportamento dos profissionais de uma empresa pode impactar toda a operação, aumentando o custo de produtos e serviços e reduzindo as margens de lucro. Esses custos, resultantes de comportamentos indesejáveis que prejudicam a competitividade dos negócios, compõem o que chamamos de custo comportamental.

Neste capítulo, você verá como o custo comportamental influencia a gestão, seja de grandes empresas ou de pequenos negócios. O tema é estudado sob vários enfoques: alguns autores o analisam sob a ótica do dispêndio de energia física do cliente para adquirir produtos e serviços, enquanto outros o estudam através de fatores psicológicos que afetam as decisões econômicas e financeiras, em diálogo com disciplinas correlatas, como a economia e a contabilidade comportamental. Em nossa abordagem, voltada a técnicas e ferramentas de gestão, consideraremos o comportamento das pessoas e suas competências – sejam estas hard skills (aptidões e habilidades técnicas) ou soft skills (habilidades comportamentais, emocionais e sociais).

No entanto, antes de entrar no principal tema do nosso capítulo, apresentaremos os princípios básicos da economia e das finanças comportamentais, que são transversais aos custos do comportamento humano nas atividades laborais. Conhecer esses princípios nos ajudará a compreender melhor o conceito de custo comportamental.

## Economia comportamental

Para começar, vamos conhecer alguns conceitos-chave e aplicações práticas da economia comportamental, esse campo do conhecimento que, ao estudar o comportamento econômico dos indivíduos, vem revolucionando a compreensão da tomada de decisões e impactando áreas como marketing, finanças e políticas públicas.

A economia comportamental, ainda tratada por muitos como "economia do comportamento", contrapõe-se aos juízos tradicionais da economia clássica ao entender que as decisões humanas são influenciadas por condições psicológicas, emocionais e sociais, para além dos aspectos meramente racionais. Ela visa integrar percepções da psicologia, das ciências sociais e da neurociência para entender como os indivíduos tomam decisões em ambientes reais.

Segundo a economia comportamental, o ser humano tem uma capacidade limitada para processar informações, e essa limitação o leva a decisões simplificadas, nem sempre racionais. Esse conceito, um dos mais importantes da economia comportamental, é conhecido como "racionalidade limitada".

Outro conceito importante da economia comportamental é o chamado "efeito de framing", um enquadramento cognitivo que faz os indivíduos tomarem decisões com base na forma como uma informação lhes é apresentada. Assim, uma mesma informação, apresentada de diferentes formas, pode levar a diferentes decisões. O efeito de framing ajuda a entender, por exemplo, a aversão à perda: a tendência de sentir um impacto negativo de forma mais intensa do que um impacto positivo.

### ★ PARA SABER MAIS

Por que as pessoas valorizam mais um bem que já possuem do que um bem equivalente que ainda não possuem? Isso acontece porque o impacto negativo da perda de um bem já possuído é maior que o impacto positivo do ganho de um bem equivalente. Em outras palavras, estamos dispostos a pagar mais para manter algo que já temos do que para adquirir algo similar.

Conhecido como "efeito de dotação", esse fenômeno tem encadeamentos significativos no marketing das empresas, na economia e na política. No marketing, por exemplo, entender o medo das pessoas em relação às perdas ajuda as empresas a desenvolverem estratégias de preços e promoções mais eficazes. Na economia, essas ideias ajudam a explicar como as pessoas investem e consomem. Na política, o efeito de dotação mostra por que é tão difícil para um governo alterar ou eliminar políticas existentes mesmo quando há razões econômicas ou sociais para tanto.

Para saber mais sobre esse assunto, pesquise também sobre a "teoria da perspectiva". Concebida por Daniel Kahneman e Amos Tversky no final dos anos 1970, a teoria da perspectiva explica como as pessoas percebem ganhos e perdas e como essa percepção influencia decisões.

---

A economia comportamental estuda as heurísticas: atalhos mentais que nos possibilitam chegar a decisões rápidas em situações complexas. Influenciadas por fatores psicológicos, as heurísticas podem conduzir a vieses que provocam erros sistemáticos no raciocínio e no julgamento. Determinado "atalho" pode, por exemplo, levar à tendência de supervalorizar a primeira informação sobre determinada circunstância ou assunto, ainda que essa informação seja irrelevante, ou de buscar informações que ratificam as convicções que a pessoa já tem.

Em suma, a economia comportamental busca entender a influência do comportamento dos indivíduos em diversos contextos: em decisões de investimento, em escolhas na área da saúde e da educação, nas políticas públicas, etc. Em finanças, a economia comportamental ajuda os investidores e os gestores a fazerem escolhas de forma mais racional, evitando julgamentos com vieses cognitivos como aversão à perda e excesso de confiança. Na saúde, incentiva comportamentos saudáveis, como a prática de exercícios físicos e a alimentação saudável, utilizando técnicas de framing e incentivos comportamentais. Na educação, desenha programas de ensino mais eficazes, levando em consideração como os alunos aprendem e os desafios que enfrentam. Na área pública, elabora políticas mais eficazes para incentivar comportamentos desejáveis, como o uso de transporte público e a economia de energia.

Em todas essas áreas, a economia comportamental impacta direta ou indiretamente os rumos das empresas. São as pessoas que dão um caráter orgânico às empresas (em especial às pequenas); assim, é claro que os comportamentos e decisões afetam diretamente os resultados obtidos pelas organizações. A economia comportamental, portanto, tem aplicações reais em diversos setores de uma empresa, fornecendo insights valiosos para um desenvolvimento sustentável.

★ **PARA REFLETIR**

Empresas são pessoas, mas em última instância se resumem a um fluxo de caixa. O comportamento dos colaboradores reflete diretamente sobre esse fluxo.

## Finanças comportamentais

As finanças comportamentais associam os princípios da economia clássica com a psicologia com o intuito de compreender como as emoções e os vieses cognitivos motivam as decisões financeiras das pessoas. Assim como a economia comportamental, esse campo do conhecimento se contrapõe a abordagens tradicionais que pressupõem a racionalidade perfeita, reconhecendo que as pessoas são influenciadas por fatores que podem levar a decisões irracionais ou subótimas.

Resumidamente, as finanças comportamentais procuram entender de que maneira a forma de pensar, sentir e agir das pessoas afeta as escolhas que fazem em relação ao dinheiro. Por exemplo: a aversão à perda, a tendência a se apegar a investimentos ruins, a busca por gratificação imediata e a influência social são vieses cognitivos que podem impactar os investimentos, a poupança e os gastos dos indivíduos.

Vieses cognitivos são padrões mentais que sistematicamente deturpam a maneira como as pessoas processam informações, levando-as a decisões desprovidas de lógica. Já conhecemos alguns desses vieses, como a aversão à perda e o efeito de framing, mas há muitos outros. Por exemplo: a tendência de acompanhar a decisão da maioria, ainda que essa decisão não seja a mais racional, é chamada de "efeito manada". Já a tendência de superestimar a chance de eventos facilmente lembrados pelos indivíduos é conhecida como "heurística de disponibilidade". E o viés da dependência excessiva da primeira informação obtida, mesmo que essa informação seja desprovida de significância, também tem um nome: "ancoragem".

Além dos vieses cognitivos, as emoções exercem uma função crucial nas decisões financeiras. Sensações como medo, euforia, ansiedade e esperança, sendo reações imediatas a estímulos, podem levar as pessoas a decidirem de modo impulsivo e irracional. Assim, o enfoque comportamental também considera a influência de agentes psicológicos na tomada de decisões.

As finanças comportamentais não enxergam os indivíduos como operadores racionais que decidem com base em informações objetivas. Vieses, heurísticas e emoções influenciam suas escolhas. Por exemplo: a busca por ganhos (bônus) imediatos pode levar uma pessoa a fazer compras ou investimentos movida por impulsos imprudentes, dificultando seus objetivos de longo prazo. A aversão à perda, por outro lado, pode fazer uma pessoa manter investimentos já desvalorizados ou quase sem valor esperando uma recuperação de perdas, enquanto ignora outras oportunidades de investimento com maior potencial.

**★ IMPORTANTE**

Discernir vieses e emoções é extremamente importante para tomar decisões financeiras mais racionais, eficientes e eficazes, e isso inclui os investimentos empresariais. Numa empresa, mesmo quando há o auxílio de modelos algorítmicos, são sempre pessoas que tomam as decisões.

No mercado financeiro, a abordagem comportamental tem diversas aplicações. Na gestão de investimentos, por exemplo, os gestores utilizam as finanças comportamentais para entender melhor o perfil do investidor e como ele toma decisões, possibilitando a formulação de estratégias que minimizam o impacto de vieses e emoções. Já no marketing financeiro, as empresas do setor usam a psicologia para criar campanhas que se conectam com as emoções dos clientes e os convencem a adquirir produtos e serviços. Produtos e serviços, aliás, que também são desenvolvidos com base em vieses cognitivos e necessidades psicológicas dos consumidores.

A aplicação da abordagem comportamental, entretanto, não se restringe ao mercado financeiro. Um bom exemplo é seu uso para desenvolver políticas públicas que promovem comportamentos financeiros mais racionais e eficientes, como incentivos para a poupança e o investimento.

E aqui começamos a tocar em um assunto muito importante: a educação financeira comportamental, determinante para ajudar as pessoas a tomar decisões mais conscientes e efetivas. Essa educação passa pelo conhecimento dos vieses cognitivos e pelo gerenciamento das emoções que influenciam as decisões financeiras, ensinando o indivíduo a distingui-las e a compreender que elas provocam percepções imediatas com potencial para desvirtuar a realidade. O objetivo é que o indivíduo conheça estratégias e técnicas para tomar decisões financeiras mais racionais, incluindo a análise de risco, o planejamento financeiro e a diversificação de investimentos.

**★ PARA SABER MAIS**

A educação financeira comportamental pode ajudar as pessoas a evitarem erros comuns, como compras impulsivas, investimentos arriscados e decisões baseadas em informações incompletas – e isso vale tanto em âmbito pessoal como profissional. Esse tipo de educação busca construir uma relação mais saudável e equilibrada com o dinheiro. Para alcançar esse objetivo, a educação financeira comportamental trabalha com orientação prática, fornecendo exemplos concretos de como vieses e emoções podem impactar as finanças e como podemos superá-los.

Como estamos vendo, são muitas as aplicações das finanças comportamentais. Cabe destacar, porém, que ainda há desafios a serem enfrentados por esse campo do conhecimento. A principal dificuldade é integrar essa abordagem com as teorias tradicionais que ainda dominam o pensamento econômico. Outra dificuldade importante é a complexidade do comportamento humano, que torna difícil prever com precisão como as pessoas reagirão a determinadas situações financeiras.

No entanto, as finanças comportamentais são promissoras e têm despertado um interesse crescente em acadêmicos, profissionais do mercado financeiro, formuladores de políticas públicas e empresários. As pesquisas nessa área continuam a avançar, buscando entender como a psicologia afeta as decisões financeiras e como essa compreensão pode ser utilizada para melhorar a tomada de decisões, tanto individuais quanto coletivas.

Além das aplicações que aqui citamos, as finanças comportamentais podem ser usadas na gestão empresarial, abrangendo o grupo das pequenas empresas. Essa área em evolução promete contribuir para estabelecer uma realidade financeira mais justa e eficiente, atendendo às necessidades e às características das pessoas. Na operação de uma empresa, o campo das finanças comportamentais é particularmente relevante por conta de sua relação com o tema central deste capítulo: o custo comportamental.

## Uma conexão com o custo comportamental: horizonte ampliado

Assim como a economia e as finanças comportamentais, o estudo do custo comportamental investiga como as decisões humanas, influenciadas por vieses e emoções, podem se desviar do modelo clássico de racionalidade econômica. De maneira resumida, a teoria da escolha racional se apoia na concepção de que as pessoas decidem de forma lógica, visando maximizar a utilidade – e essa é a coluna que sustenta os juízos da economia tradicional. No entanto, essa teoria apresenta limitações significativas quando tentamos compreender o comportamento humano em situações complicadas e variáveis.

Hoje somos continuamente bombardeados por informações e precisamos tomar decisões em cenários de incerteza. Nesse contexto, em um mundo caracterizado por informação abundante e complexa, e com muita pressão, o custo comportamental se torna relevante nas condutas e decisões das pessoas nos ambientes profissionais.

No marketing, as técnicas comportamentais são usadas para influenciar decisões de compra, explorando vieses e emoções ou até manipulando o consumidor por meio de gatilhos mentais e mensagens persuasivas. Nas plataformas digitais, usuários têm seus dados coletados e processados por algoritmos que preveem e influenciam comportamentos. Na tomada de decisão automatizada, cada vez mais comum, algoritmos e ferramentas de inteligência artificial fazem escolhas no lugar de humanos (o que tem levantado questões éticas sobre a influência do custo comportamental em sistemas automatizados).

Há inúmeros debates sobre a complexidade da mente humana, difícil de modelar. Nessa perspectiva, as teorias comportamentais seriam simplificações da realidade, incapazes de capturar todas as nuances do comportamento humano. Adiciona-se a isso a dificuldade de replicar resultados de estudos comportamentais, que são bastante sensíveis ao contexto em que são realizados. Por fim, há o risco de que o conhecimento sobre vieses comportamentais seja usado para manipular as pessoas, o que também suscita questões éticas sobre a pesquisa nesse campo.

Considerando essas críticas, mas também as potencialidades para o estudo do custo comportamental, podemos apontar as seguintes necessidades, perspectivas e oportunidades para esse campo do conhecimento:

- reforçar o rigor científico para consolidar conclusões e aplicações práticas;
- desenvolver modelos comportamentais mais complexos e precisos, integrando novas teorias e dados abrangentes sobre o comportamento humano;
- debater a ética da manipulação comportamental pensando nas implicações do uso desse conhecimento para fins comerciais e políticos;
- desenvolver ferramentas e intervenções para mitigar vieses, criando mecanismos e estratégias para ajudar as pessoas a tomar decisões mais racionais e a evitar armadilhas comportamentais.

O custo comportamental representa todos os custos derivados dos comportamentos individuais e coletivos dentro de uma empresa ou organização. Esses custos impactam os resultados na forma de sacrifícios financeiros. O conceito transcende a contabilidade de custos, abrangendo a cultura organizacional, o engajamento e a experiência dos empregados, o nível de inteligência emocional da equipe, o estilo de liderança e os impactos desses fatores na produtividade, absenteísmo, rotatividade e satisfação no trabalho.

A gestão de custos deve não só avaliar os dados financeiros, mas também considerar como os colaboradores se sentem em relação ao trabalho e como se comportam nas operações, pois isso pode gerar custos adicionais ou promover a eficiência. Ao levar em conta fatores como inteligência emocional, engajamento dos colaboradores e cultura organizacional, as empresas podem obter uma visão mais completa e integrada dos seus custos, levando a uma gestão mais eficiente e sustentável. Assim, a abordagem comportamental oferece uma abordagem inovadora para a gestão de custos, integrando a análise financeira à compreensão do comportamento humano na organização.

**★ IMPORTANTE**

Reconhecendo que o comportamento humano pode criar custos adicionais ou, quando bem gerido, promover economias significativas, as empresas, incluindo pequenos negócios, podem desenvolver estratégias mais eficazes que vão além dos números, promovendo um ambiente de trabalho mais acolhedor, estimulante, positivo, seguro, saudável e atraente.

Para entender melhor o custo comportamental, vale destacar os estudos de Daniel Goleman, psicólogo e jornalista científico americano. Em *Inteligência emocional: a teoria revolucionária que redefine o que é ser inteligente*, Goleman (1996) ressalta a importância das habilidades interpessoais, da empatia, da autorregulação nas relações de trabalho e das habilidades sociais para o sucesso individual e organizacional. Em um ambiente corporativo, colaboradores com maior nível de inteligência emocional tendem a ser mais engajados, o que se traduz em menores custos associados a conflitos internos, desmotivação e até síndrome de burnout.

Aplicar esses conceitos à gestão de custos permite identificar e mitigar comportamentos negativos, otimizando o desempenho e reduzindo os custos oriundos de comportamentos inadequados. Por exemplo, uma liderança com alta inteligência emocional pode promover um ambiente de trabalho positivo, diminuindo os custos associados à rotatividade e ao absenteísmo.

Outro autor que vale a pena destacar é o neurocientista António Damásio (2006), que revolucionou a compreensão da mente e do comportamento humano ao desafiar o dualismo cartesiano, mostrando como emoções, razão e corpo estão integrados. Sua principal contribuição foi demonstrar que emoções e sentimentos não são obstáculos à racionalidade, mas componentes essenciais do processo cognitivo que influenciam diretamente nossas escolhas e julgamentos.

No contexto do trabalho, isso significa que as decisões dos colaboradores não são puramente racionais: fatores emocionais, como o medo de falhar, ambição, estresse ou satisfação, desempenham um papel crucial e muitas vezes inconsciente na performance individual e na dinâmica coletiva. Ignorar essa dimensão emocional leva a uma compreensão incompleta do comportamento no ambiente de trabalho e a estratégias ineficazes de gestão e liderança.

Segundo Damásio, a interação entre emoções, razão e corpo forma a base para o desenvolvimento de um ponto de vista moral, imprescindível à convivência social. Esse ponto de vista não se baseia em princípios abstratos, mas na experiência e na capacidade empática de compreender as emoções alheias, permitindo uma resposta moral mais adequada. No contexto organizacional, isso se traduz na importância de construir um ambiente de trabalho inclusivo e respeitoso, que valorize as relações humanas e resolva conflitos com empatia e diálogo. Assim, a compreensão da neurociência de Damásio pode orientar políticas de gestão de pessoas que considerem não apenas os aspectos cognitivos, mas também os emocionais e sociais, para otimizar a produtividade e a satisfação dos colaboradores e fortalecer a cultura organizacional.

★ **PARA SABER MAIS**

Alguns componentes do custo comportamental:

» **Custos de desempenho**: resultam da produtividade afetada por problemas de motivação, engajamento e clima organizacional. Uma equipe desmotivada ou com baixo nível de engajamento apresenta custos de produtividade mais altos.

» **Custos de absenteísmo e rotatividade**: empregados desmotivados tendem a faltar mais e a deixar a empresa com mais frequência, resultando em custos com recrutamento, treinamento e perda de produtividade.

» **Custos de qualidade**: oriundos de erros causados por falta de atenção, comprometimento ou treinamento inadequado, levando a retrabalhos e ao desperdício de materiais e outros recursos.

» **Custos de conflitos**: disputas internas, resultantes de desavenças e antagonismos, resultam em uso inadequado do tempo e da energia disponível e perda de produtividade.

» **Custos de comunicação ineficaz**: falta de comunicação ou comunicação ineficiente geram confusões, retrabalhos e atrasos.

## Custo comportamental na gestão de pequenos negócios

Quando falamos em custo comportamental na gestão empresarial, nos referimos à influência negativa de fatores psicológicos e emocionais sobre os resultados de uma empresa. Esses fatores podem distorcer a percepção da realidade, levando a escolhas irracionais que geram custos adicionais, perdas de oportunidades e até mesmo crises. Em outras palavras, quando interferem nas decisões, as emoções e os vieses cognitivos podem provocar situações que não ocorreriam se houvesse um equilíbrio entre emoção e razão.

O custo comportamental pode se manifestar de várias maneiras, como:

- uso inadequado do tempo disponível devido à inabilidade na gestão do tempo;
- investimento em projetos inviáveis;
- decisões impulsivas que causam arrependimento;
- conflitos interpessoais e falta de colaboração;
- dificuldade em lidar com mudanças e incertezas.

Tudo isso pode impactar os custos de produtos e serviços, especialmente em pequenas empresas, que no Brasil têm menor poder econômico-financeiro.

**★ IMPORTANTE**

Frequentemente, falta às empresas competência para atrair e reter talentos com a formação multidisciplinar exigida atualmente. Além disso, muitas organizações se mostram incapazes de formar líderes com o perfil demandado em tempos de incerteza. Essas dificuldades têm em comum a relação com o comportamento. Assim, compreender o custo comportamental é crucial para qualquer gestor que busca otimizar processos organizacionais e maximizar os resultados da empresa.

É fundamental que os gestores estejam cientes de todos os fatores que influenciam o custo comportamental e desenvolvam estratégias para minimizá-los. Isso promove um processo de tomada de decisão mais objetivo, racional e emocionalmente equilibrado. As principais áreas de influência do custo comportamental são:

- **Influência social:** a pressão do grupo ou a influência de líderes carismáticos pode levar a decisões que, em vez de priorizarem o interesse da empresa, atendem às expectativas de determinado grupo ou aos objetivos do líder.

- **Viés de confirmação:** privilegiar informações que confirmam crenças preexistentes, ignorando dados relevantes que contrariam tais visões, pode levar a decisões baseadas em informações incompletas ou distorcidas.
- **Influência das emoções:** emoções como medo ou entusiasmo podem levar a uma avaliação distorcida das alternativas, superestimando os benefícios de opções que atendem aos desejos do momento ou subestimando os riscos de escolhas mais racionais.
- **Falta de clareza na comunicação:** problemas de comunicação – muitas vezes provocados por resistências a mudanças ou dificuldade em lidar com incertezas – podem prejudicar a tomada de decisões e comprometer o monitoramento do progresso, aumentando o risco de falhas e custos adicionais.

Considerando esses e outros fatores, os gestores precisam compreender como o custo comportamental influencia cada etapa do processo decisório, seja na alta e média gerência ou no grupo de colaboradores de nível operacional (as decisões relacionadas ao planejamento operacional do dia a dia e à execução das atividades demandadas devem ser cuidadosamente monitoradas). A partir dessa compreensão, é possível implementar mecanismos para mitigar os efeitos do custo comportamental e alcançar os resultados esperados.

### Implicações e aplicações práticas do custo comportamental

A integração do custo comportamental na gestão de custos requer uma abordagem holística, envolvendo a análise de dados quantitativos e qualitativos. A avaliação da cultura organizacional, a implementação de programas de desenvolvimento da inteligência emocional e a promoção de um clima de trabalho positivo são medidas cruciais para reduzir custos associados ao comportamento. Podemos designar tudo isso como gestão estratégica do custo comportamental.

Implementar ferramentas, métricas e indicadores para mensurar o custo associado ao comportamento individual e coletivo dentro da organização é essencial. São necessárias novas métricas e ferramentas de análise que considerem tanto os dados financeiros tradicionais quanto os aspectos qualitativos do comportamento humano no ambiente laboral. Indicadores como o nível de satisfação dos colaboradores, o índice de absenteísmo e a taxa de rotatividade são essenciais para a gestão estratégica do custo comportamental. Esses dois últimos já são indicadores básicos amplamente usados pela área de recursos humanos (RH). Modelos de people analytics, trabalhados pelo RH, permitem o estabelecimento de métricas e indicadores capazes de melhorar a compreensão dos comportamentos, das habilidades da equipe, da performance individual e coletiva e do nível de satisfação dos colaboradores.

Na prática, as principais aplicações desses conhecimentos sobre custo comportamental, especialmente nos pequenos negócios, incluem:

- **Gestão de riscos:** identificar e avaliar os riscos relacionados a decisões influenciadas por fatores psicológicos e emocionais, como a tendência a subestimar riscos em situações de euforia ou superestimar riscos em momentos de crise.
- **Gestão de pessoas:** compreender as motivações dos colaboradores, suas percepções e seus vieses cognitivos para otimizar a comunicação, a gestão de conflitos e o desenvolvimento de equipes, visando aumentar a produtividade.
- **Técnicas de negociação:** minimizar o impacto de vieses cognitivos e emocionais, como a tendência a ceder à pressão ou a buscar uma solução rápida, mesmo que não seja a ideal.
- **Estímulo à criatividade e à tomada de riscos calculados:** reduzir o impacto de fatores como o medo do fracasso ou a resistência a novas ideias, promovendo inovação.

Em resumo, a aplicação do custo comportamental – designando-o como uma ferramenta de gestão – permite que as empresas minimizem os impactos negativos de decisões influenciadas por fatores psicológicos e emocionais, otimizando processos, aumentando a produtividade e maximizando resultados.

## ☛ Arrematando as ideias

O custo comportamental é um fator crucial na gestão empresarial, pois pode prejudicar a tomada de decisão, acarretando o uso inadequado do tempo, dos recursos e das oportunidades. Compreender os fatores psicológicos e emocionais que influenciam o comportamento humano é fundamental para minimizar esses impactos.

Para reduzir o custo comportamental, os gestores devem promover um ambiente de trabalho que estimule o engajamento dos colaboradores em todos os níveis de responsabilidade. A tomada de decisão deve ser equilibrada emocionalmente e baseada em dados e informações relevantes. Isso inclui:

» incentivar a análise crítica de informações e a busca por diferentes perspectivas;

» implementar processos de tomada de decisão planejados, estruturados e transparentes;

» promover a autoconsciência de vieses cognitivos e emocionais;

» criar um ambiente de confiança e respeito, que valoriza a divergência de opiniões.

A gestão do custo comportamental exige esforço contínuo e uma mudança de mentalidade dentro da cultura organizacional, mas os benefícios em termos de eficiência, lucratividade e competitividade justificam o investimento.

# 3 O custo nos pequenos negócios

*Neste capítulo, você conhecerá a história de Geraldina, uma aposentada que vende bolos para complementar a renda familiar. Junto com ela, você descobrirá como o registro detalhado e preciso dos custos fornece informações valiosas para a gestão de um negócio.*

A gestão de custos impacta significativamente as finanças de todas as organizações. O objetivo deste capítulo é oferecer uma visão geral dessa área de gestão, especialmente em pequenos negócios, sejam eles de produção de produtos, serviços ou comércio (quando falamos em "custos de produção", a palavra "produção" abrange esses três segmentos econômicos).

Para facilitar o entendimento, abordaremos os principais conceitos da gestão de custos por meio da história de Geraldina, uma senhora aposentada que faz e vende bolos para complementar a renda. Vamos lá?

## O que é e quais são os custos em pequenos negócios

Custos são todos os gastos (sacrifícios financeiros) de uma organização empresarial para produzir, comercializar e entregar seus serviços ou produtos. Para os pequenos negócios, os principais custos incluem: matéria-prima, mão de obra (direta e indireta), aluguel, energia, água, telefone, transporte e manutenção de equipamentos, entre outros.

É fundamental que os empreendedores compreendam seus custos para geri-los de forma eficaz e garantir a lucratividade do negócio. Além disso, é preciso lembrar que a gestão de custos abrange ainda outros elementos, como gastos, despesas, investimentos e perdas.

### E os custos da senhora Geraldina?

A senhora Geraldina, aposentada e boleira, faz bolos caseiros há muito tempo para complementar a renda familiar. Ela sempre vendeu uma quantidade considerável de bolos, de vários sabores, para pessoas próximas. Agora, ela quer aumentar as vendas, buscando novos clientes fora do seu círculo de conhecidos, para ajudar ainda mais na renda da família e, quem sabe, transformar a atividade em um negócio regular. Mas, para isso, ela sabe que precisa manter a qualidade e o carinho com que faz seus bolos. Pois Geraldina percebeu, acompanhando noticiários e redes sociais, que as pessoas estão procurando produtos com preços acessíveis, mas sem abrir mão da qualidade.

Geraldina então se pergunta: como controlar os gastos envolvidos no preparo dos bolos? E como saber se os preços serão competitivos e lucrativos? Ela nunca se preocupou com esses aspectos e não tem domínio preciso desses cálculos. Geralmente, considera os gastos de forma geral, somando os pagamentos de todos os ingredientes comprados, como farinha, fermento, recheios e coberturas.

Com receio de não conseguir vender seus bolos com a margem de lucro esperada, devido à grande oferta no mercado e à pequena variação de preços entre concorrentes, Geraldina decidiu pedir ajuda a uma amiga, Melina, que tem uma loja de bolos caseiros de sucesso. Melina sugeriu, como primeiro passo, que Geraldina criasse um sistema de controle detalhado dos ingredientes básicos, recheios e coberturas, com seus respectivos custos. Assim, ela poderia estabelecer o preço de venda com uma margem de lucro desejada, visualizando se o preço de cada tipo de bolo seria competitivo.

**★ IMPORTANTE**

O controle que Melina sugeriu a Geraldina é um sistema de *contabilidade de custos*.

A contabilidade de custos registra, classifica, analisa e interpreta os custos de produção, comercialização, administração e financiamento de uma empresa. Ela envolve conceitos-chave da boa gestão de custos, como a classificação dos custos em diretos ou indiretos e fixos ou variáveis.

Os *custos diretos* são facilmente atribuíveis a um produto ou serviço por meio de controles próprios. Já os *custos indiretos* não podem ser diretamente atribuídos a um produto ou serviço. Os *custos fixos* são representados por gastos que não variam com o volume de produção ou vendas e estão associados à estrutura produtiva. Os *custos variáveis*, por sua vez, aumentam ou diminuem proporcionalmente ao volume de produção ou vendas. Em algumas situações, há ainda os *custos semifixos*, que se tornam variáveis a partir de determinado patamar.

Entender esses conceitos é fundamental para a gestão eficiente de custos nos pequenos negócios.

Geraldina não tem experiência com a contabilidade de custos, pois sempre fez os bolos "de cabeça" e "a olho", sem medidas padronizadas para os ingredientes. Por isso, antes de elaborar o sistema de controle, Melina apresentou à amiga o conceito de custos.

Ela explicou para Geraldina que ela deve considerar os custos como os valores gastos diretamente na produção dos bolos, e que conhecer os custos é importante por várias razões, especialmente para tomar decisões a fim de enfrentar a concorrência e se manter no mercado com um volume adequado de clientes, que permita um equilíbrio de caixa. É com esse controle, disse Melina, que Geraldina pode saber se está tendo lucro ou prejuízo, e assim fazer os ajustes necessários para cobrir os gastos das operações e conseguir o retorno financeiro esperado.

Quem controla rigidamente os custos de produção, explicou Melina, garante a produtividade e adequa suas operações ao tipo de negócio, o que permite reações rápidas em situações de risco ou quando surgem oportunidades no mercado. A produtividade geral, ensinou à amiga, é obtida quando dividimos a produção (quantidade produzida) de determinado período pela soma de todos os recursos utilizados nessa produção. Assim, a produtividade do negócio de Geraldina aumenta à medida que ela consegue reduzir o custo dos insumos (sem perder qualidade) e aumentar a quantidade de bolos produzidos e vendidos.

Melina também destacou que é necessário separar alguns tipos de custo na produção dos bolos. Primeiro, ela apresentou os custos diretos, que são os gastos diretamente relacionados com cada bolo produzido (ingredientes básicos, recheios, coberturas, embalagem, gás e mão de obra). Nesse tipo de custo, cada gasto deve ter relação direta com o produto e ser alocado a cada bolo, sem nenhuma dúvida, por meio de controles eficazes. Os custos diretos beneficiam a produção de um bolo específico e são variáveis à medida que a produção aumenta: ou seja, quanto mais bolos são produzidos, maior o consumo de ingredientes.

Em seguida, Melina apresentou os custos indiretos, que são os gastos indiretamente relacionados a cada bolo produzido e que exigem alocação por meio de rateio. Exemplos de custos indiretos incluem o aluguel do espaço de produção (mesmo que esse espaço seja a cozinha da casa de Geraldina) e a energia elétrica consumida. Esses custos beneficiam a produção como um todo e são difíceis de identificar em um único produto. O cálculo dos custos indiretos pode ser feito considerando uma média dos últimos meses ou uma projeção de gastos futuros. Para atribuir uma fração do custo indireto aos produtos, é preciso definir um critério de rateio, como a quantidade de bolos produzidos ou o tempo dedicado à produção de cada tipo de bolo.

A soma dos custos diretos e indiretos caracteriza o custo unitário de cada bolo, uma informação valiosa para estimar o custo total da produção em um período e o investimento em estoques mínimos necessários de ingredientes, recheios e embalagens.

**★ IMPORTANTE**

Os custos são absolutamente necessários para a produção. O que não pode ocorrer é a falta de controle e a má gestão desses custos.

Melina ainda apresentou à amiga outros conceitos importantes na gestão de custos: despesa, investimento, depreciação e perda. *Despesas*, explicou Melina, são os gastos envolvidos na administração e comercialização dos bolos. Como exemplo, ela mencionou a taxa de frete cobrada pelo motoboy para garantir a entrega do produto ao cliente no tempo combinado. Nesse ponto, Melina ainda aproveitou para lembrar que, se o negócio crescer e Geraldina precisar estabelecer legalmente uma empresa, ela deverá considerar outras despesas, como os *impostos* envolvidos na produção e comercialização dos bolos.

Já os *investimentos* são os gastos implicados na aquisição de equipamentos e utensílios, explicou Melina, aproveitando para alertar Geraldina sobre a necessidade de um planejamento financeiro para os investimentos e reinvestimentos após o fim da vida útil de um equipamento. Nesse planejamento, continuou, é possível atribuir, ao custo dos produtos, uma parcela representada pela perda de valor dos bens devido ao desgaste natural pelo uso contínuo na cozinha, o que é definido como *depreciação*.

Por fim, Melina falou das *perdas*, inevitáveis ao longo das operações e processos de qualquer produção, ocorrendo tanto na gestão dos investimentos quanto na gestão dos custos e despesas. Apesar de inevitáveis, destacou Melina, é importante ter atitudes rigorosas em relação às perdas financeiras e manter controles adequados para reduzir o impacto final no custo de cada bolo produzido. Em um mercado como o de bolos caseiros, com preços de venda bastante competitivos, as perdas podem reduzir significativamente as margens de lucro. Como exemplos de fontes de perdas,

Melina citou a falta de controle no consumo de energia elétrica e água, o desperdício de ingredientes e embalagens e a aquisição de utensílios ou eletroportáteis inadequados para a produção dos bolos.

## Registro dos custos

O registro adequado dos custos em um sistema de controle é essencial para a gestão financeira e a tomada de decisão nos pequenos negócios. Manter registros precisos e atualizados de todos os gastos (representados pelos custos e despesas) é fundamental, e para isso utilizamos um plano de contas estruturado (isto é, uma lista com todas as contas da empresa) a fim de classificar os custos e despesas de forma organizada.

Também é importante implementar um sistema de controle de estoque eficiente, para monitorar os custos de matéria-prima e produtos acabados, e estabelecer um método de custeio, como o custeio por absorção ou o custeio variável, para calcular os custos com precisão. O *custeio por absorção* é um método exigido por lei em que todos os custos são absorvidos na produção de um período, normalmente mensal, incluindo custos diretos e indiretos, fixos ou variáveis. Já no *custeio variável*, também chamado de custeio direto ou gerencial, apenas os custos variáveis são absorvidos na produção.

Os quadros 3.1 e 3.2 trazem um comparativo entre o custeio por absorção e o custeio variável.

*Quadro 3.1 – Custeio por absorção e custeio variável*

| Absorção (legislação) | Variável (decisão) |
|---|---|
| **Receita de vendas** | **Receita de vendas** |
| (–) Impostos/contribuições | (–) Impostos/contribuições |
| (–) CPV:<br>(–) Custos diretos (variáveis)<br>(–) Custos indiretos (fixos/variáveis) | (–) CPV:<br>(–) Custos variáveis<br>(–) Despesas variáveis |
| **(=) Lucro bruto** | **(=) Margem de contribuição** |
| (–) Despesas fixas | (–) Custos fixos |
| (–) Despesas variáveis | (–) Despesas fixas |
| **(=) Resultado operacional** | **(=) Resultado operacional** |

*Quadro 3.2 – Características do custeio por absorção e do custeio variável*

| Absorção (legislação) | Variável (decisão) |
|---|---|
| É usado para fins fiscais. | É usado para análise gerencial. |
| Está de acordo com os princípios de contabilidade. | Não está de acordo com os princípios de contabilidade. |
| Aloca custos fixos e variáveis. | Aloca apenas custos variáveis. |
| Estabelece uma base de rateio. | Não estabelece uma base de rateio. |
| Utiliza custos históricos. | Tem como foco o custo de reposição. |

Na análise comparativa dos custeios, haverá uma diferença de valor nos resultados, representados pelo custo fixo estocado pela variação do estoque inicial e final. A figura 3.1 detalha o custeio por absorção.

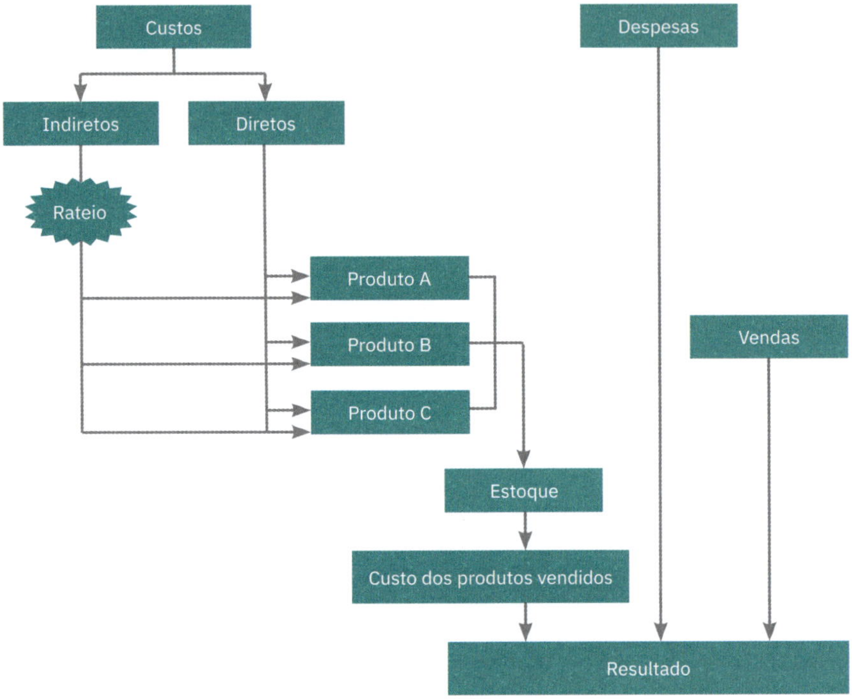


*Figura 3.1 – Custeio por absorção*

## O controle de custos de Geraldina

Para não ficar apenas na teoria, vamos voltar à história de Geraldina, que foi convencida pela amiga Melina da importância de usar os procedimentos de controle de custos, especialmente o custeio por absorção, que considera todos os custos de produção. Dada a pequena dimensão das operações de Geraldina, Melina propôs um breve treinamento com modelos concretos, fáceis de entender e aplicar, sugerindo começar pela estruturação dos custos de um bolo bastante vendido. Geraldina escolheu determinar o custo de um bolo de cenoura com cobertura de chocolate.

Melina pediu a Geraldina a lista de ingredientes, seus respectivos valores e unidades de compra. Em seguida, elaborou uma planilha de controle para os custos diretos do bolo de cenoura (tabela 3.1).

*Tabela 3.1 – Controle e registro dos custos do bolo de cenoura de Geraldina*

| Custo direto do bolo de cenoura | | | | | |
|---|---|---|---|---|---|
| Item | Ingrediente | Un. compra | Valor compra | Un. consumo | Quant. consumo |
| 1 | Farinha de trigo | kg | R$ 4,20 | 2.5 xícaras (chá) | 300 g |
| 2 | Fermento em pó | Emb. 250 g | R$ 10,30 | 1 colher (sopa) | 15 g |
| 3 | Óleo de soja | Garrafa 900 ml | R$ 7,20 | ½ xícara (chá) | 120 ml |
| 4 | Açúcar cristal | Pacote 5 kg | R$ 21,00 | 2 xícaras (chá) | 360 g |
| 5 | Ovos | Bandeja 5 dúzias | R$ 31,70 | 4 ovos | 4 ovos |
| 6 | Cenoura | kg | R$ 3,20 | 3 cenouras médias | 250 g |
| **Cálculos** | | | | | |
| Item | Do consumo dos ingredientes | | Do custo do bolo | | Custo total |
| 1 | 300/1000 = | 0,30 | 4,20 × 0,30 | R$ 1,26 | |
| 2 | 15/250 = | 0,06 | 10,30 × 0,06 | R$ 0,62 | |
| 3 | 120/900 = | 0,13 | 7,20 × 0,13 | R$ 0,94 | |
| 4 | 360/5000 = | 0,07 | 21,00 × 0,07 | R$ 1,47 | R$ 7,30 |
| 5 | 4/60 = | 0,07 | 31,70 × 0,07 | R$ 2,22 | |
| 6 | 250/1000 = | 0,25 | 3,20 × 0,25 | R$ 0,80 | |
| **Custo direto da cobertura do bolo** | | | | | |
| Item | Ingrediente | Un. compra | Valor compra | Un. consumo | Quant. consumo |
| 1 | Leite condensado | Lata 395 g | R$ 6,85 | Lata 395 g | 395 g |
| 2 | Manteiga | Tablete 200 g | R$ 13,90 | 1 colher (sopa) | 18 g |
| 3 | Chocolate em pó | Caixa 2 kg | R$ 125,50 | ½ xícara (chá) | 45 g |
| **Cálculos** | | | | | |
| Item | Do consumo dos ingredientes | | Do custo da cobertura | | Custo total |
| 1 | 395/395 = | 1,00 | 6,85 × 1,00 | R$ 6,85 | |
| 2 | 18/200 = | 0,09 | 13,90 × 0,09 | R$ 1,25 | R$ 10,61 |
| 3 | 45/2000 = | 0,02 | 125,50 x 0,02 | R$ 2,51 | |
| **Custo total direto unitário** | | | | | **R$ 17,91** |

Após esclarecer algumas dúvidas de Geraldina, Melina alertou a amiga sobre a importância de prestar atenção à compra dos ingredientes. Ela explicou que, na maioria dos casos, é melhor adquirir insumos em embalagens maiores (produtos institucionais). Embora o valor de compra seja maior, o custo unitário se torna menor devido ao maior volume, reduzindo os custos dos bolos.

Em seguida, Melina apresentou uma planilha com as despesas e custos indiretos fixos essenciais (tabela 3.2). Em pequenos negócios, as despesas e custos fixos geralmente são controlados sem grandes distinções, diferentemente de empresas de maior porte ou legalmente constituídas. Por isso, Melina destacou que, quanto mais precisa for a identificação desses custos e despesas, mais precisa será a estrutura de custo apurada.

*Tabela 3.2 – Despesas e custos fixos de Geraldina*

| Despesas/custos fixos | |
|---|---|
| **Descrição** | **Estimativa mensal** |
| Água | R$ 150,00 |
| Energia elétrica | R$ 250,00 |
| Manutenção de equipamentos | R$ 50,00 |
| Materiais de limpeza | R$ 100,00 |
| Gás | R$ 115,00 |
| **Subtotal** | **R$ 665,00** |
| Pequenas despesas eventuais | R$ 100,00 |
| **Total** | **R$ 765,00** |

Melina também explicou a Geraldina o cálculo do custo rateado:

Total de despesas/custos fixos ÷ produção mensal estimada = custo rateado

Considerando o total de despesas e custos fixos (R$ 765,00) e uma produção mensal estimada de 450 bolos, sendo quinze unidades diárias, Geraldina chegou ao custo de R$ 1,70:

R$ 765,00 ÷ 450 = R$ 1,70

Assim foi possível encerrar o treinamento de estruturação e cálculo do custo do bolo de cenoura. O custo total direto de cada um é R$ 17,91, somado ao custo rateado de R$ 1,70. Portanto, o custo total unitário de um bolo de cenoura produzido pela dona Geraldina é R$ 19,61.

*Tabela 3.3 – Estrutura de custos do bolo de cenoura*

| Produto | Custos | |
|---|---|---|
| Bolo de cenoura | Direto | Indireto fixo |
| | R$ 17,91 | R$ 1,70 |
| **Custo total un.** | **R$ 19,61** | |

Melina explicou a Geraldina que o método aplicado ao bolo de cenoura pode ser usado para bolos de qualquer sabor – e para qualquer outra atividade de produção industrial ou de produtos. Ela destacou ainda que a mesma atenção deve ser dada às atividades comerciais e de serviços, adaptando os métodos discutidos para obter o mesmo nível de controle.

Por fim, enfatizou que, com base no custo apurado, é possível realizar a precificação e a formação de preços. Além disso, ofereceu a Geraldina algumas dicas sobre gestão de custos, resumidas em dois tópicos principais. Afinal, as contas devem estar sempre bem controladas!

### ★ 1. DICAS PARA REDUZIR OS CUSTOS

» Invista em treinamentos para evitar desperdícios.

» Mantenha o estoque de ingredientes e materiais adequado ao volume de produção e vendas, evitando excesso de insumos estocados.

» Faça a manutenção preventiva dos equipamentos para evitar quebras e consumo adicional de energia elétrica.

### ★ 2. DICAS PARA AUMENTAR A PRODUTIVIDADE

- Mantenha sempre o nível de qualidade.
- Flexibilize a produção e racionalize os custos, produzindo bolos com processos que permitam aumentar a variedade de sabores com poucas alterações nos ingredientes principais. Isso facilita a compra em maiores volumes e negociações com fornecedores para reduzir custos.
- Busque novos fornecedores de ingredientes e materiais, visando melhores preços e prazos de pagamento, para não prejudicar o fluxo de caixa.
- Organize todos os ingredientes e materiais, racionalizando os processos para reduzir o tempo de produção. Para isso, invista em treinamentos.
- Introduza novos serviços, como entrega por delivery.

## Como reduzir os custos em pequenas empresas

A redução dos custos operacionais sem perda de qualidade, um objetivo comum entre pequenos empreendedores, deve começar com um diagnóstico das partes inter-relacionadas da estrutura organizacional. Apenas listar todos os gastos não é suficiente: é essencial identificar e analisar as causas de desvios que resultam em ineficiências na gestão dos recursos produtivos. Além disso, é necessário visualizar a empresa em seu contexto econômico, considerando a interação com todas as partes interessadas, como fornecedores, clientes, governo, instituições financeiras, parceiros e sócios.

Para diagnosticar os processos e detectar possíveis melhorias e reduções de custos, considere os seguintes pontos:

- **Prioridade para resultados de curto e médio prazo:** atue nos custos fixos e variáveis com maior impacto na lucratividade e retorno financeiro do negócio.

- » **Incorporação na cultura organizacional:** priorize a redução de custos como parte integrante das crenças, valores e costumes da empresa. Invista em treinamentos, avaliações de desempenho, feedbacks e endomarketing para criar um bom ambiente de trabalho.
- » **Criatividade e inovação:** incentive a geração de ideias que possam criar mais valor ao negócio por meio da redução de custos.
- » **Planejamento tributário:** mitigue o impacto da carga tributária na operação. Avalie se o regime tributário Simples Nacional é o mais adequado para a empresa e invista em qualificação para dominar o tema.
- » **Atenção à rotatividade da mão de obra (turnover):** demissões frequentes sem planejamento aumentam os custos de recrutamento, seleção e rescisões contratuais.

Além dessas considerações, é importante examinar outros aspectos da gestão dos pequenos negócios que podem afetar diretamente os custos e os resultados econômicos (lucro/prejuízo) e financeiros (caixa). Vamos explorá-los a seguir.

### Custos dos estoques

O controle dos custos dos estoques é essencial para o equilíbrio e a estabilidade financeira dos pequenos negócios. Manter níveis adequados de materiais primários (matérias-primas), materiais secundários (materiais auxiliares de produção), produtos em processo e produtos acabados evita tanto a falta quanto o excesso de estoque, otimizando o capital de giro do negócio.

Os principais métodos de avaliação de estoque utilizados pelas empresas são:

- » **Custo médio ponderado:** baseado no cálculo do valor médio ponderado dos itens em estoque.
- » **Primeiro a entrar, primeiro a sair (PEPS):** os itens mais antigos são retirados primeiro do estoque.
- » **Último a entrar, primeiro a sair (UEPS):** os itens mais recentes do estoque saem primeiro porque são os mais custosos, refletindo os preços atuais do mercado.

- » **Primeiro a vencer, primeiro a sair (PVPS):** utilizado em indústrias alimentícias, farmacêuticas e outras que lidam com produtos perecíveis ou com data de validade.

A escolha do método de avaliação de estoque depende da natureza do negócio e dos itens em estoque, devendo permitir um controle efetivo e consistente. Além do custo de aquisição, os pequenos negócios precisam considerar outros custos associados aos itens estocados, como armazenagem, seguro, obsolescência e perdas. O acompanhamento permanente desses custos é vital para manter e otimizar o capital de giro.

### Custos com pessoal

Deve-se dar especial atenção aos custos com pessoal: salários dos empregados e outros tipos de mão de obra contratada, incluindo adicionais previstos na legislação trabalhista, como horas extras, insalubridade, periculosidade e trabalho noturno. No Brasil, encargos sociais e benefícios, como férias, décimo terceiro salário, aviso-prévio, INSS e FGTS, podem representar o equivalente a 100% ou mais dos salários contratados, dobrando o custo do salário. Outros itens, como plano de saúde, plano odontológico, vale-alimentação, seguro de vida e vale-transporte, também integram os custos com pessoal.

Investir em treinamento e capacitação dos colaboradores, apesar de aumentar os gastos, é importante para que os custos com pessoal melhorem os níveis de produtividade. O controle preciso dessa rubrica, associado a uma política de remuneração e benefícios ajustada à realidade do negócio, é um ponto crítico para a gestão eficiente dos pequenos negócios.

### Exigências legais e fiscais

As pequenas empresas estão sujeitas a diversas exigências legais e fiscais, além dos custos propriamente ditos. No Brasil, essas exigências incluem:

- » **Contabilidade:** mesmo pequenas empresas devem manter livros contábeis, demonstrações financeiras, balanço patrimonial, demonstração de resultados e fluxo de caixa.

» **Governamental/fiscal:** apuração e recolhimento de tributos, como IPI, ICMS, IRPJ, PIS e Cofins. Além dessas obrigações principais, há obrigações acessórias para empresas do regime tributário Simples Nacional, como emissão de notas fiscais, livros fiscais, Defis e PGDAS-D.

» **Legislação trabalhista e previdenciária:** folha de pagamento, encargos sociais e benefícios.

## Análise gerencial de custos em pequenos negócios

Para uma gestão eficiente dos custos nas pequenas empresas, três processos são essenciais:

1. **Planejamento:** orce os custos de forma realista, considerando diferentes contextos e tendências. Isso vai ajudar você a estabelecer metas e alinhar a operação às estratégias do negócio, tomando decisões assertivas para aumentar a lucratividade e garantir a sustentabilidade da empresa.
2. **Monitoramento contínuo:** acompanhe os custos incorridos e compare-os com os valores previstos no orçamento. Esse monitoramento é crucial para identificar desvios e tomar ações corretivas.
3. **Análise da estrutura de custos:** identifique os fatores que influenciam os custos e encontre oportunidades para reduzi-los. Essa análise é vital para planejar decisões.

## ☛ Arrematando as ideias

Ao longo do capítulo, destacamos a importância de reduzir custos, abordando os diferentes grupos de gastos empresariais e as práticas necessárias para uma gestão mais eficaz. Aprofundar os conhecimentos sobre gestão, especialmente em relação às ferramentas de controle e análise de custos, agrega expertise aos pontos em que a empresa ainda é ineficiente.

Para isso, é importante dar especial atenção aos custos com pessoal, focando na qualificação dos profissionais a fim de constituir um know-how sobre as melhores práticas de gestão. E aqui vale ressaltar o diálogo deste capítulo com o capítulo 2, sobre custo comportamental. O enfoque de gestão de pessoas nele proposto contribui com a gestão de custos ao buscar compreender as motivações dos colaboradores, suas percepções e vieses cognitivos, otimizando a comunicação, a gestão de conflitos e o desenvolvimento de equipes – e, consequentemente, aumentando a produtividade.

# 4 Formação do preço de venda

*Definir preços é um dos maiores desafios na gestão de um negócio. Mas por que precificar produtos e serviços é tão importante?*

A precificação é um dos aspectos mais críticos e desafiadores para as empresas, especialmente em mercados competitivos. Compreender os fatores que influenciam a formação de preços é crucial para garantir o crescimento e a sustentabilidade econômico-financeira do negócio. Neste capítulo, exploraremos os conceitos-chave da precificação e como as empresas estruturam seus preços de venda. Analisaremos os custos, a concorrência e a percepção de valor do cliente, destacando as melhores práticas para definir preços de maneira estratégica e eficaz.

## Definição do preço de venda

O preço de venda é a quantia estabelecida para comercializar um produto ou serviço. Esse conceito é um dos pilares da estratégia de negócios de uma pequena empresa, impactando diretamente sua lucratividade, competitividade e posicionamento no mercado. A precificação envolve uma análise detalhada de vários elementos, como os custos de produção, os preços da concorrência, o valor percebido pelo cliente e as metas de rentabilidade do negócio em determinado período.

Os principais fatores que influenciam a definição do preço de venda são:

» Custos operacionais: o preço de venda deve cobrir todos os custos de produção e entrega do produto ou serviço, incluindo matéria-prima, mão de obra, despesas gerais, logística e impostos. Análises detalhadas são essenciais para definir preços que garantam a lucratividade do negócio.

» Valor percebido pelo cliente: o preço deve refletir o valor que o cliente atribui ao produto ou serviço. Isso envolve entender as necessidades, desejos, percepções e a disposição do público-alvo em pagar pelo que você oferece.

» Preços da concorrência: é importante analisar os preços praticados pelos concorrentes para posicionar sua oferta no mercado de forma competitiva. Essa análise ajuda a definir um preço que seja atrativo para o cliente e rentável para o negócio.

» Objetivos estratégicos: o preço de venda também deve estar alinhado com os objetivos estratégicos da empresa, como penetração de mercado, liderança em preço ou maximização de lucros. Essa definição deve considerar a imagem que se quer transmitir e o posicionamento da marca.

★ **PARA SABER MAIS**

A economia do Brasil ainda é bastante fechada aos mercados internacionais, embora tenha sido ainda mais até o final da década de 1980 e início da década de 1990. Nesse período, a baixa concorrência resultava em produtos ou serviços de qualidade irregular e permitia que os ofertantes determinassem seus preços sem muita interferência de concorrentes. Isso facilitava a definição de margens de lucro desejadas sem muito esforço.

Devido à pouca concorrência, muitos produtos daquela época são até hoje lembrados pelas marcas, que se tornaram sinônimos dos próprios produtos ou serviços. Além disso, o desperdício de insumos produtivos no Brasil era muito grande.

Nesse período, a fórmula simplificada para os preços de venda era: *preço de venda = custo + margem de lucro*. O custo incluía as despesas comerciais e logísticas incorridas na venda e havia liberdade para estabelecer a margem de lucro.

Hoje, com o aumento da concorrência nacional e internacional, o espaço para determinar a margem de lucro ficou muito mais restrito. Isso resultou em outra fórmula simplificada para o preço de venda: *margem de lucro = preço de venda – custo*. Ou seja, a lucratividade, especialmente para pequenos negócios, depende diretamente da gestão de custos, já que os preços são quase sempre definidos pelo mercado, considerando o perfil dos clientes e a concorrência estabelecida.

Assim, na atualidade, para obter margem de lucro é crucial ter preços competitivos no mercado, baseados em custos reduzidos e um alto nível de serviço (indicador de qualidade).

Antes de definir um preço de venda adequado, é essencial entender os custos e despesas envolvidos na operação do negócio. Essa análise detalhada fornece informações valiosas para calcular a rentabilidade e determinar um preço justo e competitivo. A análise deve compreender os tipos de custo que vimos no capítulo 3. Relembrando:

- Custos diretos: atribuíveis a um produto ou serviço por meio de controles objetivos.
- Custos indiretos: não podem ser diretamente atribuídos a um produto ou serviço e carregam um grau de subjetividade em sua alocação por meio de rateio (divisão equitativa), tendo em vista que a escolha do critério de rateio depende do olhar operacional de quem o determina.
- Custos fixos: gastos que não variam em função do volume de produção ou vendas.
- Custos variáveis: gastos que aumentam ou diminuem em função do volume de produção ou vendas.

Também é importante considerar as despesas operacionais, que abrangem outros gastos necessários para manter o negócio em funcionamento, como marketing, manutenção, tecnologia e despesas administrativas. O pleno entendimento desses conceitos é fundamental.

A seguir, apresentamos as principais bases de precificação.

### Precificação com base nos custos

Uma forma comum de calcular o preço de venda é a precificação com base nos custos de produção, seja de produtos ou serviços. Essa modalidade exige uma análise detalhada dos custos incorridos na produção, distribuição e vendas. Após determinar os custos diretos e indiretos pelo custeio por absorção, ou os custos fixos e variáveis pelo custeio variável (ou direto), adiciona-se uma margem de lucro sobre o custo total. Outras rubricas, como frete, comissão e impostos incidentes nas vendas, também podem ser incluídas.

Nos pequenos negócios, para superar limitações econômicas e de gestão, uma precificação objetiva pode considerar o custo total unitário baseado no custeio por absorção, incluindo os custos indiretos fixos. Isso evita a exclusão de algum custo na soma total.

A vantagem dessa abordagem é que ela oferece uma base sólida e tangível para a precificação, garantindo que o preço cubra todos os custos e gere a margem de lucro necessária. No entanto, para evitar preços desalinhados com o mercado, é importante considerar outros fatores, como demanda, concorrência e valor percebido pelos clientes.

Ao utilizar a precificação baseada em custos, a empresa deve ficar atenta a possíveis alterações nos custos, seja de matérias-primas, mão de obra ou logística, ajustando o preço de venda sempre que necessário para manter a lucratividade desejada.

### Precificação com base no valor percebido

A precificação baseada no valor percebido pelo cliente é uma abordagem estratégica que considera as percepções e as expectativas do consumidor em relação ao produto ou serviço. Em vez de definir o preço apenas com base nos custos, essa metodologia busca entender o quanto o cliente está disposto a pagar pelo produto ou serviço de acordo com o valor que atribui a ele. São pontos-chave para esse tipo de precificação:

- **Compreensão do valor percebido:** é essencial entender profundamente quais são as necessidades, desejos e preferências do público-alvo, bem como os benefícios que enxerga no produto ou serviço. Essa análise permite estabelecer um preço justo e alinhado com as expectativas do cliente.
- **Diferenciação da concorrência:** a precificação com base no valor percebido permite que a empresa se diferencie da concorrência, valorizando os atributos exclusivos e os diferenciais competitivos da oferta. Dessa forma, é possível evitar a guerra de preços e agregar valor de forma sustentável.
- **Maximização da lucratividade:** ao definir o preço de acordo com o valor percebido pelo cliente, a empresa tem a oportunidade de estabelecer um preço justo, que reflete o impacto positivo da oferta na vida do consumidor. Isso pode resultar em margens mais altas e maior lucratividade para o negócio.

### Precificação com base na concorrência

A precificação com base na concorrência é uma estratégia fundamental para empresas que atuam em mercados competitivos. Essa abordagem consiste em analisar cuidadosamente os preços praticados pelos concorrentes e ajustar o próprio preço de venda de acordo com essa análise. O objetivo é alinhar-se com o mercado, mantendo a competitividade e evitando que clientes migrem para os concorrentes. Esse tipo de precificação se baseia nos seguintes pontos:

- **Análise da concorrência:** monitoramento constante dos preços praticados pelos principais players do mercado, levando em consideração fatores como qualidade do produto, serviços agregados, promoções e descontos.
- **Posicionamento estratégico:** a decisão sobre se sua empresa deseja ser a opção de menor preço, atingir uma faixa de preço médio ou posicionar-se como uma opção premium no mercado.
- **Ajustes dinâmicos:** capacidade de realizar ajustes rápidos nos preços, acompanhando as mudanças e movimentações dos concorrentes.
- **Diferenciação:** investimento em aspectos que diferenciem sua oferta, como qualidade, inovação, serviços, marca e atendimento, a fim de evitar uma guerra de preços.
- **Monitoramento constante:** monitoramento dos resultados das estratégias de precificação, ajustando-as conforme necessário para manter a competitividade.

## Margem de lucro e margem de contribuição

Na definição dos preços é essencial entender a diferença entre margem de lucro e margem de contribuição. Essa compreensão pode fazer uma grande diferença no sucesso da sua estratégia de precificação, maximizando os resultados financeiros da empresa.

A *margem de lucro* surge da diferença entre o preço de venda e o custo total de produção, incluindo custos diretos (sempre variáveis) e indiretos (fixos ou variáveis). Ela reflete o lucro líquido obtido por unidade vendida, ou seja, o retorno financeiro da venda de cada unidade.

Já a *margem de contribuição* considera apenas os custos variáveis para o custeio do produto, excluindo os custos fixos ligados à capacidade produtiva. Ela indica quanto cada produto vendido contribui para cobrir a estrutura fixa (despesas e custos fixos) e gerar lucro.

Compreender essas métricas é essencial para estabelecer preços competitivos, gerenciar o fluxo de caixa e tomar decisões estratégicas sobre sua linha de produtos.

Adotar a margem de contribuição como base para a precificação pode ser vantajoso para algumas empresas, sejam elas da indústria ou do comércio. Assim é possível focar o lucro factual do negócio e estabelecer uma estratégia competitiva e de análise de cenários.

Algumas outras vantagens relevantes são:

» **Tomada de decisão mais assertiva:** a margem de contribuição fornece uma visão clara da lucratividade de cada produto ou serviço, permitindo que as empresas tomem decisões mais bem embasadas sobre investimentos, promoções e descontinuação de itens.

» **Melhor gerenciamento de custos:** a empresa passa a ter maior controle sobre seus custos variáveis, otimizando o uso de recursos e melhorando a rentabilidade geral.

» **Flexibilidade na precificação:** considerando as margens de contribuição, é possível ajustar os preços de forma mais ágil em resposta às variações do mercado e às exigências dos clientes.

» **Alinhamento entre áreas:** o uso da margem de contribuição na precificação facilita a integração entre setores como marketing, vendas e finanças, pois todos passam a utilizar a mesma métrica para tomar decisões.

Em suma, a margem de contribuição pode ser uma ferramenta eficaz para as empresas otimizarem seus processos, aumentarem a lucratividade e se manterem competitivas no mercado. No entanto, há alguns desafios a serem superados pelas empresas que desejam implementar essa base de precificação. Esses desafios, particularmente relevantes para os pequenos negócios, incluem:

» **Coleta de dados precisos:** é essencial ter um sistema eficiente de coleta e acompanhamento dos custos variáveis para que a margem de contribuição seja calculada corretamente. Isso pode ser um desafio em empresas com grande variedade de produtos e serviços.

» **Atribuição adequada dos custos fixos:** a alocação dos custos fixos entre os diferentes produtos/serviços requer cuidado e análise aprofundada, a fim de não distorcer a margem de contribuição real de cada item. Isso requer investimentos em sistemas e profissionais especializados, o que nem sempre está ao alcance das pequenas empresas.

» **Resistência à mudança:** muitas empresas estão acostumadas a precificar com base na margem de lucro e podem ter resistência a adotar uma nova abordagem, mesmo que ela seja mais eficaz.

» **Complexidade de implementação:** a implementação da margem de contribuição na precificação pode envolver mudanças em processos, em sistemas e na mentalidade da equipe, o que demanda um esforço considerável.

» **Impacto nos preços:** a adoção da margem de contribuição pode resultar em alterações significativas nos preços de venda, o que pode gerar reação dos clientes e impactar a competitividade da empresa no mercado.

Para enfrentar esses desafios, é essencial que as empresas implementem um processo robusto de coleta de dados, atribuição de custos e treinamento de equipes. Além disso, é recomendável não abandonar a precificação pela margem de lucro, mantendo um sistema paralelo de controle de preços e margens (o que pode onerar ainda mais a gestão de preços, sobretudo para os pequenos negócios).

## Markup

Agora que você conhece as principais bases de precificação e sabe a diferença entre margem de lucro e margem de contribuição, vamos introduzir o conceito de markup. O markup é um índice que permite calcular o preço de venda considerando os custos fixos e variáveis e a margem de lucro.

Assim fica mais fácil diferenciar o markup da margem de lucro: o primeiro é um modelo matemático que ajuda a calcular o preço, enquanto o segundo é o retorno financeiro esperado na venda de um produto ou serviço, considerada no cálculo do próprio markup.

Uma vez conhecida a estrutura de custos, despesas e margem de lucro no preço de venda, é possível calcular o markup por meio de duas fórmulas:

Markup (divisor): 1 – (CF% + CV% + ML%)
Markup (multiplicador): 1 ÷ (1 – [CF% + CV% + ML%])

Para as fórmulas, deve-se considerar as taxas percentuais na forma de taxas unitárias (números decimais). Outras rubricas podem ser incluídas no cálculo conforme os cenários apresentados e as estratégias definidas.

Para chegar ao preço de venda utilizando o markup divisor, basta dividir o valor da soma dos custos (custo total unitário) dos produtos ou serviços pelo valor encontrado na fórmula. Já para obter o preço através do markup multiplicador, é só multiplicar o custo total unitário dos produtos ou serviços pelo valor encontrado na fórmula. O quadro 4.1 traz um exemplo.

*Quadro 4.1 – Exemplo de cálculo de markup*

| | |
|---|---|
| Custo direto (aquisição) = | R$ 100,00 |
| Custos fixos (CF) (total):<br>CF (mensal)<br>Vendas (mensal) | 15,00%<br>R$ 15.000,00<br>R$ 100.000,00 |
| Custos variáveis (CV) (total):<br>Impostos<br>Comissões<br>Frete<br>Seguro do frete<br>Outros | 29,80%<br>27,25%<br>1,50%<br>1,00%<br>0,05%<br>0,00% |
| Margem de lucro (ML) = | 21,00% |

No exemplo, os custos fixos mensais de R$ 15.000,00, referentes às vendas mensais de R$ 100.000,00, representam 15% da receita de vendas. Temos, então, o seguinte cálculo do markup:

Markup (divisor): 1 – (15,00% + 29,80% + 21,00%) = 0,34200

Markup (multiplicador): = 1 ÷ (1 – [15,00% + 29,80% + 21,00%]) = 2,92398

E o cálculo do preço de venda:

Divisor: custo unitário × divisor = R$ 100,00 ÷ 0,34200 = R$ 292,40

Multiplicador: custo unitário × multiplicador = R$ 100,00 × 2,92398 = R$ 292,40

## Modelos matemáticos para calcular o preço de venda

Na seção anterior, exploramos o conceito de markup. Agora, a ideia é trazer a você outros modelos matemáticos, sem complicações, que podem auxiliar na precificação de produtos ou serviços.

### *Modelo 1*

$$\frac{\text{Custo} \div (1 - \text{ML})}{(1 - (\text{impostos\%} + \text{comissões\%} + \text{frete\%} + \text{seg.frete\%} + \text{encargos fin.\%} + \ldots))}$$

O modelo 1 estabelece o preço em dois níveis. No primeiro nível, o preço é calculado integrando o custo unitário à margem de lucro (por dentro). No segundo nível, com base no primeiro, o preço final é calculado agregando as demais rubricas (por dentro – do preço).

## *Modelo 2*

PV = 100%

| Custo | impostos% + desp. var. com. % + ML% + ... |
|---|---|
| *Xa*% | *Xb*% |
| R$ XXX ________ *Xa*% | R$ xxx = valor do custo unitário |
| X (PV) ________ 100% | |

O modelo 2 (diagrama da regra de três) estabelece o preço final diretamente em um único cálculo, integrando o custo unitário às demais rubricas (por dentro).

## *Modelo 3*

$$\frac{\text{Custo}}{(1 - (\text{impostos\%} + \text{comissões\%} + \text{frete\%} + \text{seg.frete\%} + \text{encargos fin.\%} + \text{ML\%} + \ldots))}$$

## *Modelo 4*

fator (divisor) = 1 – [impostos% + despesas variáveis comercial e logística% + ML% + ...]

## *Modelo 5*

$$\text{fator (multiplicador)} = \frac{1}{(1 - [\text{impostos\%} + \text{despesas variáveis comercial e logística\%} + \text{ML\%} + \ldots])}$$

Os modelos 3 a 5 têm o mesmo efeito matemático do modelo 2, pois também se valem da equação do primeiro grau.

*Modelo 6*

$$\frac{\text{Custos variáveis}}{(1 - \text{MC}) \times [1 - (\%\text{impostos} + ...)]}$$

MC = margem de contribuição

O modelo 6 determina o preço com base no conceito de valor atual e na margem de contribuição. Nesse modelo, são considerados os custos e despesas variáveis.

*Modelo 7*

$$\text{Preço de venda (PV) para desconto} = \frac{\text{PV calculado}}{(1 - \text{desconto\%})}$$

O modelo 7 agrega um valor financeiro adicional ao preço para negociações que envolvam descontos.

Em todos os modelos, deve-se considerar para as fórmulas as taxas percentuais na forma de taxas unitárias (números decimais).

## Precificação de serviços

Todos os aspectos analisados nas seções anteriores, exceto os especificamente aplicáveis à indústria ou ao comércio, devem ser considerados na precificação de um serviço. E aqui vale ressaltar a amplitude desse segmento econômico, cujos serviços ofertados não só crescem em número como ganham em complexidade e sofisticação, devido às relações econômicas também estarem mais complexas e sofisticadas. No entanto, apesar dos inúmeros serviços diferentes, com características muito peculiares, todos têm um ponto em comum: a mão de obra, que é o insumo central de toda prestação de serviço. O modelo de precificação apresentado na figura 4.1 leva em consideração esse ponto em comum.

| Precificação de serviços | | | | | | | | | | |
|---|---|---|---|---|---|---|---|---|---|---|
| A | | 1 | 2 | 3 | 4 | | 5 | 6 | 7 | 8 |
| | Mão de obra direta (MOD) | Frequência (quant. MOD) | Salário (S) | Encargos (E) | S + E | Horas | | Custo da MOD do serviço | | |
| | | | R$ | % sobre salário | | Emprego/ mês | Disponíveis/ mês | Custo/ hora R$ | Tempo aplicado ao serviço (h) | Custo MOD R$ |
| A.1 | | | | | | | | | | |
| A.2. | | | | | | | | | | |
| ... | | | | | | | | | | |
| | Custo total MOD | | | | | | | | | |
| B | Despesas fixas (DF) – em R$ | | | (2 × 3) | (2 + 3) | | | (4 ÷ 5) | | (6 × 7) |
| B.1 | Pró-labore + encargos | | | | | | | | | |
| B.2 | Salários administrativos + encargos | | | | | | | | | |
| B.3 | Aluguel | | | | | | | | | |
| B.4 | Água | | | | | | | | | |
| B.5 | Energia elétrica | | | | | | | | | |
| B.6 | Internet + telefonia | | | | | | | | | |
| B.7 | Seguros | | | | | | | | | |
| B.8 | Honorários contábeis | | | | | | | | | |
| B.9 | Material de expediente | | | | | | | | | |
| B.10 | Despesas bancárias | | | | | | | | | |
| B.11 | Propaganda/marketing | | | | | | | | | |
| B.12 | Despesas financeiras | | | | | | | | | |
| B.13 | Manutenção | | | | | | | | | |
| B.14 | Outros | | | | | | | | | |
| | Custo total (DF)/mês | | | | | | | | | |
| C | Rateio DF – com base nas horas disponíveis no mês | | | | [= custo total DF/mês ÷ total horas disponíveis/mês] | | | | | |
| D | DF alocada ao serviço (com base no tempo gasto no serviço) | | | | [= "C" × total tempo aplicado ao serviço] | | | | | |
| E | Custo total MOD + DF alocada ao serviço (com base no tempo gasto no serviço) | | | | | | | | | |
| F | Despesas de comercialização | | | | | | | | | % |
| F.1 | ISS | Adaptar os tributos incidentes na prestação de serviços quando a nova reforma tributária estiver vigorando. | | | | | | | | |
| F.2 | Cofins | | | | | | | | | |
| F.4 | PIS | | | | | | | | | |
| F.4 | Simples Nacional (SN) | | | | | | | | | |
| F.5 | Comissões | | | | | | | | | |
| F.6 | Frete | | | | | | | | | |
| F.7 | Outros | | | | | | | | | |
| | Total das despesas de comercialização (em taxa %) | | | | | | | | | |
| G | Lucro desejado (em taxa %) | | | | | | | | | |
| H | Despesas de comercialização + lucro desejado (em taxa %) => DC + LD | | | | | | | | | |
| I | Preço do serviço = $\frac{\text{(Custo total MOD + DF alocada ao serviço)}}{100 - (\text{DC} + \text{LD})}$ | | | | | | | | | |
| | Obs.: a taxa% DC + LD, na fórmula, deve ser expressa em taxa unitária (nº decimal) | | | | | | | | | |
| J | Custo do material aplicado ao serviço | | | | | | | | | |
| | Materiais | Unidade compra | Valor compra | Consumo | | | | | | Custo mat. aplicado |
| J.1 | Material aplicado A | | | | | | | | | |
| J.2 | Material aplicado B | | | | | | | | | |
| J.3 | Material aplicado C | | | | | | | | | |
| J.4 | Outros | | | | | | | | | |
| | Custo total do material aplicado ao serviço | | | | | | | | | |
| K | Preço final do serviço = preço do serviço + custo total do material aplicado ao serviço | | | | | | | | | |

*Figura 4.1 – Modelo de precificação de serviços*

A margem de lucro a ser aplicada no preço, considerando a estrutura dos custos (mão de obra e despesas fixas), dependerá, em um limite superior, dos preços praticados pelo mercado (concorrentes).

## Aplicação de descontos e promoções

A aplicação estratégica de descontos e promoções pode ter um impacto significativo na precificação e no posicionamento de um produto ou serviço. Importante para atrair e reter clientes, aumentar as vendas e competir no mercado, essa ferramenta abrange os seguintes passos:

» Entender o objetivo: definir claramente se o objetivo é aumentar o volume de vendas, atrair novos clientes, liquidar estoques ou simplesmente oferecer um valor percebido maior.

» Avaliar os impactos: considerar o impacto dos descontos e promoções na margem de lucro, no fluxo de caixa e na imagem da marca, buscando equilíbrio entre atratividade e rentabilidade.

» Criar promoções atrativas: combinar descontos, brindes, pacotes promocionais e outras ofertas especiais para criar uma proposta irresistível aos clientes.

» Definir critérios claros: estabelecer regras, prazos e condições para os descontos e promoções, evitando confusão e garantindo a consistência.

» Monitorar e ajustar: acompanhar o desempenho das promoções e fazer os ajustes necessários para maximizar os resultados.

O uso inteligente de descontos e promoções pode impulsionar as vendas, aumentar a lealdade dos clientes e reforçar o posicionamento da marca. No entanto, uma avaliação cuidadosa de impactos é essencial para aplicar essa poderosa ferramenta de forma estratégica e consistente.

## Estratégias de precificação

As empresas podem adotar diversas estratégias de precificação para atingir seus objetivos de negócios. A seguir, destacamos algumas dessas estratégias.

» Precificação por penetração de mercado: consiste em estabelecer preços baixos para conquistar uma parcela significativa do mercado, buscando maximizar a participação e a demanda. Essa estratégia é adotada por empresas que desejam se estabelecer rapidamente em um novo mercado ou lançar um novo produto. O modelo incentiva o consumidor a experimentar e adotar o produto, ampliando a base de clientes no curto prazo. Ao ganhar escala de produção, a empresa consegue reduzir custos e aumentar sua competitividade no longo prazo.

- **Precificação de pacotes (venda incremental):** consiste em oferecer um conjunto de produtos ou serviços por um preço único, geralmente com desconto em relação à compra individual. Essa estratégia busca aumentar o valor percebido pelos clientes e impulsionar vendas de produtos ou serviços complementares (cross-selling).
- **Precificação por desnatamento:** a empresa define preços inicialmente altos para explorar o segmento de clientes dispostos a pagar mais por um produto ou serviço diferenciado. Posteriormente, os preços podem ser gradualmente reduzidos para atingir novos segmentos de mercado.
- **Precificação dinâmica:** envolve o ajuste dos preços de venda em tempo real, considerando a demanda do produto, a disponibilidade, a concorrência e a sazonalidade (períodos específicos do ano, como datas comemorativas e estações). Essa é uma estratégia adotada para maximizar lucros e se adaptar às mudanças do mercado.
- **Preços por linha de produtos (gerenciamento do portfólio):** permite ajustar a estratégia de acordo com as características e o ciclo de vida de cada linha de produtos. Essa abordagem viabiliza o uso de diferentes modelos de precificação, como preços de penetração, desnatamento ou competitivos. Ao definir preços por linha, é possível maximizar a lucratividade geral do portfólio, ajustando as margens com base na demanda e na elasticidade de cada produto.

A definição da estratégia depende de fatores como o posicionamento da marca, a dinâmica do mercado, o ciclo de vida do produto ou serviço e o perfil do cliente pretendido. É fundamental avaliar cuidadosamente os custos, a concorrência e o valor percebido pelos clientes para definir o melhor modelo de precificação.

As necessidades de curto e longo prazo da empresa devem ser equilibradas quando se define uma estratégia de precificação. Acompanhar tendências e preferências dos clientes é crucial para a estratégia de longo prazo. No curto prazo, ajustar o preço é essencial para maximizar os lucros e atingir as metas de rentabilidade. O preço, por meio da margem de lucro, afeta diretamente a geração de caixa, impactando a liquidez (capacidade de cumprir compromissos financeiros de curto prazo) e a solvência (capacidade de cumprir compromissos financeiros no curto e longo prazo).

## Considerações éticas na precificação

A definição do preço de venda também envolve uma série de considerações éticas que devem ser levadas em conta pelos gestores. É fundamental estabelecer uma política de precificação justa e transparente, que equilibre os interesses da empresa e do consumidor. Algumas questões éticas na precificação incluem:

- » **Transparência:** os clientes devem ter acesso a informações claras sobre os componentes do preço, como custos, margens e descontos aplicados. Isso promove a confiança e a percepção de valor justo.
- » **Discriminação de preços:** oferecer diferentes preços para clientes diferentes pode ser visto como uma prática injusta, a menos que haja justificativas convincentes, como economias de escala ou segmentação de mercado.
- » **Impacto social:** os preços devem considerar o poder aquisitivo do público-alvo e evitar excluir segmentos menos favorecidos da sociedade. Uma precificação socialmente responsável é essencial.
- » **Práticas anticompetitivas:** é preciso evitar práticas como fixação de preços predatórios ou abuso de posição dominante, que podem prejudicar a concorrência saudável no mercado.

Ao equilibrar esses princípios éticos com os objetivos financeiros da empresa, a precificação pode se tornar um instrumento estratégico que gera valor para todos os envolvidos.

## O modelo de cálculo do preço de venda dos bolos de Geraldina

Vamos agora retornar aos bolos da senhora Geraldina, que conhecemos no capítulo 3, para verificar como calcular o preço de venda de um bolo de cenoura de forma simples e efetiva. Uma vez bem definidos a estrutura e os cálculos dos custos do bolo e as despesas incorridas na administração e comercialização, chegou o momento de Melina explicar o conceito de precificação, com sua estrutura e cálculos necessários para que Geraldina consiga preços de venda competitivos e obtenha os retornos financeiros desejados.

De forma simples, Melina explicou à amiga que a maioria dos negócios está exposta a uma concorrência acirrada. Assim, os preços geralmente ficam sujeitos aos preços praticados pelo mercado, não permitindo grandes alterações dentro de um segmento específico, a menos que o produto ou serviço oferecido seja tão diferenciado que permita ao ofertante elevar seus preços acima da média do mercado. Esse não é o caso de Geraldina, explicou Melina. Por isso, ela precisa trabalhar duro na gestão de custos para conseguir vender seus bolos por um preço próximo à média praticada no segmento de bolos caseiros e, além disso, ter uma margem de lucro satisfatória.

Melina então apresentou as fórmulas para os cálculos de precificação, tranquilizando a amiga, pois esses não são cálculos complexos. No entanto, não deixou de destacar um ponto importante: os cálculos de precificação, por si só, não bastam: é necessário entender a formação do preço de venda e alinhar o preço calculado aos preços praticados no mercado por meio de ajustes estratégicos.

A primeira fórmula de preço de venda (PV) apresentada por Melina foi:

$$PV = \frac{\text{custo unitário do bolo de cenoura}}{(1 - (\text{impostos} + \text{comissões} + \text{frete} + \text{margem de lucro} + \ldots))}$$

Algumas variáveis da primeira fórmula, explicou Melina, ainda não se destinam aos cálculos do preço a ser praticado por Geraldina. No entanto, ela incentivou a amiga a já começar a pensar nessas variáveis, para quando o negócio crescer e a operação ficar mais complexa, exigindo a consideração de impostos, entre outras variáveis apresentadas na fórmula. Melina também indicou que outros modelos matemáticos para calcular o preço de venda podem ser adotados, como o índice markup, para atender a diferentes estratégias de precificação.

A segunda fórmula de preço de venda apresentada foi o diagrama da regra de três:

PV = 100%

| Custo | Desp. var. coml. + ML |
|---|---|
| 60,00% | 40,00% |

Geraldina exclamou: "A regra de três eu conheço!". E Melina emendou: "Olha, na verdade, trata-se da mesma fórmula, só que com uma roupagem diferente. Ambas são uma equação do primeiro grau, em que se calcula o valor do famoso *x*".

Melina explicou que basta dividir o custo do bolo em reais (valor absoluto) pela taxa percentual (valor relativo) do custo em relação ao preço de venda, conforme mostrado no diagrama da regra de três. Assim, a senhora Geraldina deve dividir o custo unitário do bolo, que é R$ 19,61 (conforme visto no capítulo 3), pela taxa percentual de 60%, convertida para decimal (0,60). O resultado desse cálculo será o preço de venda do bolo de cenoura, que é R$ 32,68.

Custo unitário do bolo: R$ 19,61
Margem de lucro (ML) desejada: 40%
Taxa de entrega: quando houver
R$ 19,61 ---------- 0,60
x (PV) ------------- 1,00

Lembrando que 100% correspondem a 100 ÷ 100, que é igual a 1.

0,60 x = R$ 19,61
x = R$ 19,61 ÷ 0,60
x = R$ 32,68
PV = R$ 32,68

Melina finalizou explicando que o preço de venda de R$ 32,68 pode ser ajustado para valores próximos, como R$ 32,50 ou R$ 33,00, para facilitar as vendas. Geraldina também pode recalcular o preço para incluir uma taxa de entrega. Se o preço calculado não for competitivo em relação aos principais concorrentes, ela pode adotar uma estratégia de formação de preço diferenciada.

## ☛ Arrematando as ideias

A definição estratégica de preços é essencial para o sucesso de qualquer pequeno negócio. Uma precificação eficaz permite à empresa gerar lucros, aumentar o caixa e atender às expectativas dos clientes, mantendo-se competitiva no mercado. Como vimos neste capítulo, uma boa estratégia de precificação inclui:

- » gestão rigorosa de custos e despesas;
- » determinação da margem de lucro ideal;
- » acompanhamento das tendências de mercado;
- » monitoramento da concorrência.

Quando eficaz, a precificação posiciona a empresa de forma competitiva, oferecendo preços justos e alinhados com as expectativas dos clientes. Isso impulsiona o crescimento e a expansão sustentável do negócio.

# 5 O custo das áreas funcionais

*Você sabe qual é o impacto da gestão das áreas funcionais nos custos das empresas?*

A gestão eficaz das áreas funcionais de uma empresa é crucial para otimizar os custos operacionais dos produtos ou serviços que ela oferece. Em finanças, uma gestão cuidadosa permite à empresa controlar rigorosamente seus gastos, maximizando a alocação eficiente de recursos financeiros e minimizando o desperdício. A área de produção, por sua vez, está diretamente ligada ao controle de custos por meio da implementação de processos eficientes e da redução racional do uso de matérias-primas e energia. Já a logística, responsável pela movimentação e o armazenamento de produtos, impacta os custos com a negociação de transporte e o uso otimizado de espaços de armazenagem, contribuindo para reduzir o custo total do produto.

Além disso, tanto a área de recursos humanos (RH) quanto a de marketing desempenham papéis importantes na gestão de custos. Um departamento de RH eficiente assegura que a empresa tenha a equipe certa, com treinamento adequado, sem excesso de mão de obra, o que reduz as despesas com pessoal. Estruturas salariais bem planejadas e benefícios ajustados mantêm a motivação dos colaboradores, aumentando a produtividade e reduzindo os custos. Na área de marketing, o foco na segmentação correta e em estratégias de publicidade eficientes evita gastos excessivos e garante que os recursos sejam usados para atingir o público-alvo de forma mais lucrativa.

Evidentemente, há outras áreas que participam dos resultados operacionais e os impactam, positiva ou negativamente, considerando os sacrifícios financeiros e os retornos auferidos. A sintonia entre as áreas funcionais não apenas permite controlar os custos de forma individual, mas também potencializa o desempenho global da empresa através de uma operação mais integrada e eficiente. E isso vale também para os pequenos negócios.

## Conflitos entre áreas nos pequenos negócios

Os conflitos entre as áreas funcionais de uma organização são comuns, nas grandes e nas pequenas empresas, visto que cada departamento tem objetivos, prioridades e métricas distintas de sucesso. Nas pequenas empresas, muitas vezes as funções são centralizadas ou acumuladas em um único setor ou profissional, o que pode levar a desatenção ou equívocos de prioridades. Esses conflitos podem afetar negativamente a eficiência operacional e a cultura organizacional (as intenções, ações e valores que orientam uma empresa em direção aos seus objetivos). Portanto, compreender a origem das discordâncias é essencial para promover um ambiente colaborativo e produtivo.

Um dos conflitos mais frequentes ocorre entre a área financeira e a área de produção. A área financeira busca minimizar custos e maximizar lucros, o que pode resultar em cortes de orçamento para a produção. Isso pode causar frustração na equipe de produção, que depende de recursos adequados para manter a qualidade e a quantidade da produção sem paralisações. Assim, a equipe pode argumentar que cortes excessivos comprometem a eficiência e a satisfação do cliente, e o desacordo pode levar a tensões que afetam a moral e o desempenho dos colaboradores.

As áreas de marketing e finanças frequentemente também entram em conflito. O marketing deseja investir em campanhas e iniciativas para aumentar visibilidade e atrair novos clientes, enquanto a área financeira pode ser reticente em liberar recursos, priorizando a contenção de gastos e a proteção do fluxo de caixa. Esse conflito de prioridades pode resultar em oportunidades perdidas de crescimento e gerar desmotivação e frustração entre os profissionais de marketing, que sentem suas estratégias prejudicadas pela falta de apoio financeiro.

Outro conflito comum ocorre entre a área de logística e a produção. A produção pode solicitar mudanças frequentes na programação de entregas ou na quantidade de matéria-prima para atender a variações na demanda do mercado. Por outro lado, a logística precisa gerenciar a capacidade de armazenamento e os prazos de entrega, o que pode gerar tensões quando os pedidos mudam abruptamente. Esse ciclo de solicitações e adaptações pode comprometer a eficiência do fluxo de materiais, resultando em atrasos e custos adicionais.

Da mesma forma, a relação entre a área de RH e outras áreas pode ser complexa. O departamento de RH tem a missão de garantir que a empresa seja adequadamente provida de talentos e competências. No entanto, as áreas funcionais podem ter expectativas diferentes sobre a quantidade e o perfil das contratações. Por exemplo, a produção pode pressionar por mais colaboradores em momentos de alta demanda, enquanto o RH pode focar em manter a qualidade das contratações. Esse conflito de interesses pode impactar a produtividade a longo prazo.

**★ IMPORTANTE**

A busca por eficiência em áreas como produção e logística costuma ter um impacto positivo imediato no preço final dos produtos ou serviços ofertados. Já investimentos em áreas como treinamento e marketing, embora apresentem sacrifícios financeiros no curto prazo, podem aumentar a receita e a rentabilidade dos pequenos negócios a longo prazo.

A relação entre marketing e produção é outra fonte de confrontos significativos. Enquanto o marketing busca inovar e lançar novos produtos para atrair consumidores, a produção frequentemente reluta em alterar processos estabelecidos, temendo que isso prejudique a eficiência e a qualidade. Essa discordância pode levar a atrasos no lançamento de produtos e a um maior custo de desenvolvimento, além de prejudicar a capacidade da empresa de responder rapidamente às mudanças do mercado.

Esses conflitos interdepartamentais não só afetam a eficiência como podem ferir a cultura organizacional, gerando um ciclo vicioso de desconfiança e competição interna. Para mitigar os desentendimentos, é fundamental que as empresas promovam uma comunicação clara, unificada, e uma visão integrada das metas organizacionais. Encontros regulares entre representantes das áreas funcionais e um entendimento comum de que o sucesso coletivo prevalece sobre os objetivos individuais representam um passo importante para fortalecer a colaboração.

Por fim, gerenciar os conflitos entre áreas funcionais é vital para desenvolver uma cultura organizacional resiliente e produtiva. Ao investir em resoluções colaborativas e na criação de uma estrutura que permita a troca de ideias e a compreensão das necessidades de cada área, a empresa estará mais bem posicionada para enfrentar os desafios do mercado e prosperar. Para as empresas atingirem seus objetivos, produzindo resultados sustentáveis, é essencial que todos os setores trabalhem alinhados e em harmonia.

★ **PARA SABER MAIS**

Para se aprofundar no tema deste capítulo, confira o quadro sinóptico incluído ao final do livro (apêndice A). O quadro oferece uma visão geral e integrada de potenciais conflitos entre áreas funcionais, descrevendo os conflitos propriamente ditos e suas consequências operacionais e financeiras.

O quadro mostra alguns conflitos mais comuns, mas outros podem surgir, a depender da cultura organizacional e das particularidades da empresa. A chave para minimizar esses conflitos é a comunicação e a colaboração entre os departamentos, buscando soluções integradas que beneficiem toda a organização. A comunicação aberta e a definição de metas e indicadores de desempenho compartilhados são fundamentais para minimizar divergências.

## O custo nos recursos humanos

A área de recursos humanos tem função crítica na gestão do capital humano de uma empresa, desempenhando funções substanciais que impactam diretamente o desempenho organizacional. Sua estrutura pode variar conforme o porte e a atividade-fim da empresa, mas em geral é formada por áreas funcionais como recrutamento e seleção, desenvolvimento organizacional, treinamento e capacitação, gestão de desempenho, remuneração e benefícios e relações trabalhistas. Normalmente, as pequenas empresas não dividem o RH em setores ou departamentos, mas essas diferentes funções não deixam de existir.

As responsabilidades do RH incluem a atração e retenção de talentos por meio do desenvolvimento de estratégias de recrutamento e da criação de uma cultura organizacional que valorize os colaboradores. O desenvolvimento organizacional foca a promoção de um ambiente de trabalho saudável e produtivo, enquanto o treinamento e a capacitação garantem que a equipe esteja constantemente atualizada e equipada com as habilidades necessárias para desempenhar suas funções. A gestão de desempenho busca avaliar e oportunizar a melhoria contínua das equipes, alinhando os objetivos dos colaboradores com as metas da empresa. Finalmente, a área de remuneração e benefícios é responsável por desenvolver pacotes competitivos para motivar os funcionários, enquanto a de relações trabalhistas trata da comunicação e negociação com sindicatos e colaboradores. Nas pequenas empresas, por ser comum não haver distinção de departamentos, todas essas são funções ficam concentradas. Isso se dá pelo poder econômico limitado e as restrições orçamentárias para desenvolvimentos na área.

**★ IMPORTANTE**

A importância do RH na execução das atividades operacionais é evidente, pois a atração, a retenção e o desenvolvimento de talentos impactam diretamente a eficiência dos processos e a qualidade dos produtos e serviços oferecidos.

Você se lembra do custo comportamental, que vimos no capítulo 2? Profissionais bem treinados e motivados são mais produtivos e engajados, o que resulta em melhor desempenho operacional, redução de custos e maior capacidade da empresa de atender às demandas dos clientes de forma eficaz.

O trabalho da área de RH vai além da simples administração de pessoal. Sua responsabilidade em cultivar um ambiente de trabalho positivo e desenvolver as competências dos colaboradores não só melhora a eficiência operacional, mas também contribui significativamente para a sustentabilidade e o crescimento da empresa. Assim, o RH se estabelece como um parceiro essencial na busca pela excelência organizacional e pela competitividade no mercado.

Os custos das atividades da área de RH são variados e se manifestam em diferentes etapas da gestão de pessoas. Entender esses custos é essencial para gerenciar a eficiência financeira da empresa e compreender como eles impactam as atividades operacionais e a estrutura de custos dos produtos ou serviços oferecidos. Entre os custos associados à área de RH estão:

- **Recrutamento e seleção:** incluem despesas com anúncios de vagas, honorários de recrutadores, agências de emprego e o tempo despendido pela equipe de RH e outros colaboradores envolvidos no processo de seleção. Um processo ineficiente de recrutamento pode resultar em contratações equivocadas, gerando custos adicionais com demissões e novos processos de seleção. Além disso, a incapacidade de preencher vagas críticas rapidamente pode atrasar projetos e afetar a produção.
- **Treinamento e desenvolvimento:** os investimentos em capacitação (seja através de cursos, workshops ou programas de desenvolvimento profissional) são fundamentais, mas representam um custo. Esses investimentos impactam a estrutura de custos, pois treinamentos mal planejados ou excessivos podem aumentar significativamente os custos operacionais. No entanto, um bom treinamento pode aumentar a produtividade e a qualidade do trabalho, eventualmente reduzindo custos nas operações.
- **Gestão de desempenho:** implementar sistemas de avaliação de desempenho, feedback e desenvolvimento de carreira também gera custos. O tempo dedicado por gestores e colaboradores a esses sistemas pode resultar em despesas de oportunidade e redução da eficiência operacional. Além disso, uma gestão de desempenho

inadequada pode levar a baixa moral, insatisfação e alta rotatividade de colaboradores, aumentando ainda mais os custos.

» **Remuneração e benefícios:** o pagamento de salários e benefícios (incluindo bônus, seguro-saúde e previdência, entre outros) é muitas vezes o maior custo associado aos recursos humanos. A competitividade em salários e benefícios é crucial para atrair e reter talentos, mas uma estrutura de remuneração mal planejada pode sobrecarregar os custos fixos da empresa. Custos excessivos com remuneração podem reduzir a margem de lucro, enquanto uma estrutura de compensação inadequada pode resultar em desmotivação e alta rotatividade, prejudicando a continuidade do trabalho.

» **Relacionamento e clima organizacional:** investimentos em ações como programas de bem-estar e engajamento, para promover um ambiente de trabalho positivo e reduzir conflitos internos, também resultam em custos. Embora esses custos pareçam indiretos, um clima organizacional negativo pode diminuir a produtividade e aumentar o absenteísmo e a rotatividade de funcionários, encarecendo as operações devido à necessidade de constante recrutamento e treinamento.

» **Custos jurídicos e de conformidade:** o cumprimento das regulamentações trabalhistas resulta em custos com auditorias, consultorias jurídicas e eventuais litígios trabalhistas. Descumprir a legislação pode levar a sanções e multas, prejudicando a estrutura de custos da empresa. Assim, uma gestão proativa de conformidade pode ajudar a evitar custos futuros.

» **Demissões e outplacement (recolocação):** quando é necessário demitir colaboradores, os custos associados podem incluir indenizações, rescisões e programas de outplacement. Essas despesas podem repercutir diretamente nas finanças da empresa e na estabilidade de suas operações.

Em suma, os custos da área de RH estão intimamente ligados à eficiência e à saúde financeira da empresa. Quando bem geridos, esses custos podem ser considerados um investimento que traz retornos substanciais em termos de produtividade, qualidade e competitividade. Por outro lado, uma gestão ineficiente pode levar a custos elevados que afetam diretamente a estrutura de preços dos produtos ou serviços, comprometendo a sustentabilidade da empresa no mercado. É crucial que as empresas reconheçam e gerenciem proativamente esses custos para garantir viabilidade e sucesso a longo prazo.

## O custo em finanças

A boa gestão da área financeira é imprescindível para garantir o equilíbrio do fluxo de caixa e a sustentabilidade econômica de uma empresa. Sua estrutura é geralmente composta por funções diversas que colaboram para o planejamento, controle e análise das finanças da organização. Essas funções incluem:

» **Gestão de tesouraria:** é responsável por administrar o fluxo de caixa da empresa, propiciando liquidez (conversão de ativos em dinheiro) para atender a obrigações financeiras no curto prazo. A tesouraria inclui atividades como projeção de fluxo de caixa, gerenciamento de contas a pagar e a receber e otimização do capital de giro.

» **Controle financeiro:** foca o monitoramento dos custos, analisando as variações entre o orçado e os resultados reais. Por meio desse controle é possível identificar oportunidades para reduzir custos e aumentar a eficiência no uso dos recursos. Nesse quesito, deve-se ter atenção total à gestão dos estoques, um componente de grande relevância na gestão do capital de giro.

» **Planejamento e análise financeira:** elabora orçamentos, previsões e análises financeiras relacionadas ao desempenho da empresa. É fundamental para definir estratégias financeiras a longo prazo e alocar recursos, possibilitando identificar oportunidades de crescimento e riscos intrínsecos.

- **Contabilidade:** é responsável por registrar, classificar e explanar todas as transações financeiras. A contabilidade oferece informações essenciais sobre a situação financeira da empresa, com relatórios fundamentais à tomada de decisões (fluxo de caixa, balanço patrimonial, demonstração de resultados).
- **Gestão de riscos financeiros:** analisa e gerencia os riscos que podem afetar o equilíbrio financeiro da empresa, incluindo riscos de crédito, de mercado e de liquidez. Deve garantir a estabilidade financeira e prevenir perdas financeiras significativas.

### ★ PARA REFLETIR

A eficácia na gestão financeira garante que a empresa tenha recursos para financiar suas operações, investir em projetos de crescimento e sustentar sua posição no mercado. O controle rigoroso dos custos e a boa administração do fluxo de caixa podem melhorar significativamente a eficiência operacional, permitindo que a empresa opere de forma mais flexível e melhore sua resposta às demandas do mercado.

Em mercados altamente competitivos, a contribuição da área financeira para a competitividade da pequena empresa é ainda maior. A análise financeira e a gestão de riscos permitem que a organização tome decisões informadas sobre investimentos, expansão e precificação de produtos e serviços. Além disso, um gerenciamento financeiro eficaz pode resultar em melhores condições de crédito e menores custos de financiamento, aumentando a capacidade de competir com rivais no mercado.

Os custos decorrentes de atividades da área financeira são diversos e podem impactar significativamente as operações e a estrutura de custos de produtos ou serviços de uma empresa. Por exemplo, grandes empresas regularmente contratam auditorias independentes para atender a regulamentações legais e certificar a precisão das informações financeiras. Os custos dessas auditorias, que incluem honorários e despesas relacionadas, podem ser elevados e impactar o custo total das operações. Além disso, a falta de conformidade, ou um processo de auditoria ineficiente, pode gerar custos adicionais com multas e correções de erros (esse é um risco importante para pequenas empresas, que normalmente não realizam auditorias).

Além disso, muitas empresas, incluindo as pequenas, necessitam de serviços financeiros externos, como consultorias e advogados, para apoiar atividades como planejamento tributário, gestão de investimentos e conformidade regulatória. Os custos desses serviços podem ser consideráveis, principalmente em segmentos altamente regulados. Esses gastos devem ser cuidadosamente gerenciados para evitar que comprometam a lucratividade da empresa.

Outro custo relevante é o implicado nos investimentos em softwares de gestão financeira, sistemas de controle orçamentário e tecnologias de automação, essenciais para a eficiência operacional da área financeira. Embora inicialmente possam demandar um gasto elevado, a longo prazo esses investimentos têm o potencial de diminuir custos com a automação de processos e a redução de erros e inconformidades. Contudo, a depreciação dessas tecnologias e as atualizações contínuas também geram custos que devem ser considerados.

A gestão financeira também abrange o custo do capital próprio e do capital de terceiros. Os custos de capital são as expectativas de retorno dos investidores e credores sobre seus investimentos. Uma estrutura de capital com altos custos pode prejudicar a lucratividade da empresa, encarecendo o financiamento de operações e investimentos e afetando a competitividade no mercado.

As empresas ainda precisam seguir diversas normas e regulamentos que geram custos de compliance e regulamentação, como conformidade tributária e relatórios financeiros. Os custos para garantir a conformidade legal, que incluem serviços jurídicos e adaptações em processos, podem ser altos. Descumprir as exigências regulatórias pode resultar em multas e outras penalidades financeiras.

Por fim, o gerenciamento de riscos financeiros, como risco cambial ou de crédito, pode gerar custos com instrumentos de proteção, como derivativos. Esses custos são essenciais para proteger a empresa de perdas significativas e, se não forem bem geridos, podem comprometer o desempenho financeiro. Muitas vezes, esses instrumentos de proteção estão fora do alcance dos pequenos negócios.

## O custo na produção

O setor produtivo, seja em indústrias de manufatura, prestadores de serviços ou empresas comerciais, desempenha uma função vital na dinâmica operacional das empresas. A produção é composta por diversas funções interconectadas, que visam assegurar que bens e serviços sejam produzidos com eficiência, eficácia e elevado padrão de qualidade.

A seguir listamos as principais funções da área de produção, suas responsabilidades, importância nas atividades operacionais e contribuição para a competitividade da empresa.

» **Planejamento de produção:** elabora cronogramas e planos de produção com base na demanda do mercado e na capacidade produtiva da empresa. O planejamento busca otimizar o uso dos recursos, definir as quantidades a serem produzidas e o tempo necessário para cada fase, garantindo o cumprimento dos prazos de entrega.

» **Gestão de materiais:** controla o estoque de insumos e produtos acabados, compra, armazena e distribui matérias-primas. Essa função assegura que a produção ocorra sem interrupções, minimizando custos relacionados a excesso ou falta de estoque.

» **Processos de produção:** concentra-se na execução das operações de fabricação e na prestação de serviços. Na indústria, inclui a transformação de matérias-primas em produtos acabados, enquanto na prestação de serviços envolve a realização do serviço. A eficiência e a qualidade dos processos de produção são cruciais para a satisfação do cliente.

» **Controle de qualidade:** é responsável pelo cumprimento de padrões e procedimentos para assegurar que os produtos ou serviços atendam às especificações e às expectativas dos clientes. O controle de qualidade envolve testes, inspeções e monitoramento contínuo das operações para reduzir defeitos e retrabalhos.

» **Manutenção:** refere-se ao cuidado e à reparação de instalações e equipamentos utilizados na produção. A manutenção preventiva e corretiva é essencial para garantir a continuidade das operações e minimizar paradas não programadas que podem afetar a produção.
» **Gestão de pessoas:** embora o RH seja o protagonista na gestão de pessoas, a produção também tem a responsabilidade de treinar e desenvolver suas equipes. Isso inclui garantir que os trabalhadores sejam capacitados e motivados para operar de forma eficaz e segura nas linhas de produção.

### ★ IMPORTANTE

A área de produção é vital para as atividades operacionais e as decisões empresariais. A eficiência nas operações da empresa exige o uso racional dos insumos produtivos e o controle efetivo de custos, impactando diretamente a margem de lucro operacional. Além disso, a capacidade de produzir serviços ou produtos com qualidade é crucial para satisfazer e fidelizar os clientes.

A capacidade produtiva é um dos principais diferenciais de uma empresa. Uma área de produção eficiente e capaz de se adaptar às mudanças do mercado dá à empresa uma vantagem competitiva significativa. Isso demonstra a competência para atender aos clientes com rapidez, oferecendo produtos e serviços de qualidade a preços competitivos. Além disso, inovações em processos produtivos, como a adoção de tecnologias de automação e práticas de produção enxuta, podem reduzir custos e aumentar a eficiência, permitindo que a empresa se destaque entre os concorrentes.

Os custos das atividades da área de produção são variados e desempenham um papel fundamental na definição da estrutura de custos dos produtos ou serviços oferecidos por uma empresa. Estes, segundo o custeio por absorção, podem ser classificados em diretos e indiretos, e sua gestão apropriada é de suma importância para a eficiência operacional e a consequente competitividade no mercado. A seguir, listamos as principais categorias de custos associados à produção.

- **Custos de materiais diretos:** compreendem o valor gasto com matérias-primas e insumos usados para fabricar produtos ou executar serviços. Por exemplo, em uma indústria de móveis, os custos com madeira, tinta e ferragens são considerados materiais diretos. Esses custos impactam diretamente o custo de produção por unidade, pois, quanto maior a quantidade ou custo de matérias-primas, maior será o custo total dos produtos. A manutenção otimizada dos estoques e a assertividade nas negociações com fornecedores ajudam a reduzir tais custos.
- **Custos de mão de obra direta:** relacionados ao pagamento de salários, encargos trabalhistas/sociais e benefícios dos empregados diretamente envolvidos na produção. A eficiência da mão de obra impacta diretamente a produtividade e o tempo de produção, influenciando a relação entre custos e receita. Um alto custo com mão de obra pode levar a um aumento significativo nos preços dos produtos, tornando-os menos competitivos no mercado.
- **Custos indiretos:** representam gastos gerais que não podem ser diretamente atribuídos a um produto ou serviço (por exemplo, salários de supervisores, utilidades públicas – energia elétrica, água etc. –, manutenção de máquinas e equipamentos, depreciação). Os custos indiretos são essenciais para a operação total da produção, mas sua alocação pode ser complexa. Controlar esses custos é vital, pois eles podem erodir a margem de lucro.
- **Depreciação de equipamentos:** custo associado ao uso e desgaste de maquinário e equipamentos utilizados na produção. A alocação dos custos de depreciação nos produtos pode aumentar o custo unitário de produção. A escolha de equipamentos mais eficientes e a manutenção preventiva são estratégias que podem mitigar custos futuros relacionados à depreciação.
- **Custos de tecnologia e automação:** investimentos em tecnologia para automação de processos produtivos resultam em altos gastos

iniciais, mas, a longo prazo, podem aumentar a eficiência operacional e reduzir os custos de produção. Entretanto, a aplicação de novas tecnologias precisa ser cuidadosamente planejada, visando o retorno sobre os investimentos.

- Custos com controle de qualidade: incluem gastos com inspeção de produtos, testes e reprocessamento de produtos defeituosos. Um bom controle de qualidade pode aumentar os custos iniciais, mas é fundamental para evitar devoluções e retrabalhos ainda mais dispendiosos. Uma alta taxa de defeitos pode afetar a satisfação do cliente e a reputação da marca, resultando em perdas de vendas futuras.

## O custo na logística

Essencial para o êxito de uma empresa, o setor de logística abrange o planejamento, a execução e o monitoramento do fluxo de bens e serviços, desde a compra de matérias-primas até a entrega ao cliente final. A estrutura das funções logísticas geralmente abarca diversas atividades inter-relacionadas que garantem a eficiência e a eficácia da operação. Listamos as principais dessas atividades a seguir.

- Gestão de transporte: envolve o planejamento e a execução do transporte de mercadorias, seja por veículos próprios ou por transportadoras terceirizadas. Isso exige a escolha de modais de transporte, a otimização de rotas e o gerenciamento dos custos de frete, garantindo que os produtos cheguem ao destino no prazo e em bom estado.
- Gestão de armazém: é responsável pelo recebimento, movimentação e armazenamento de materiais e produtos no armazém. Isso inclui controlar o inventário, organizar os produtos de forma eficiente e otimizar o espaço de armazenamento. Uma boa gestão do armazém pode reduzir custos operacionais e melhorar o tempo de resposta ao cliente.

- » **Administração de inventário:** consiste em monitorar e regular os níveis de estoque de produtos acabados e matérias-primas. O objetivo é assegurar que a quantidade adequada de itens esteja disponível para atender à demanda dos clientes, prevenindo tanto a escassez quanto o excesso de itens, que implicam custos adicionais. Uma gestão efetiva do inventário é vital para manter o equilíbrio do fluxo de caixa.
- » **Planejamento da cadeia de suprimentos:** envolve a previsão da demanda e o planejamento e coordenação das várias etapas de produção e distribuição, garantindo que todos os entes da cadeia operem de maneira integrada. Esta função é crítica para aumentar a eficiência e reduzir custos ao longo de toda a cadeia.
- » **Gestão de fornecimento de insumos e materiais:** embora algumas empresas trabalhem a função de compras separadamente, a área de logística participa com frequência dessa gestão. Isso inclui a negociação com fornecedores, a análise de desempenho e a seleção de parceiros comerciais. Boas práticas na área de compras impactam positivamente os custos de logística e a qualidade dos materiais comprados.

### ★ PARA REFLETIR

A logística tem reconhecida relevância para as atividades operacionais, pois sua eficiência impacta todas as etapas, da compra de matérias-primas até a entrega do produto ao consumidor. Uma operação logística adequada pode diminuir os custos operacionais, otimizar o fluxo de trabalho e elevar a qualidade do atendimento ao cliente. Além disso, a eficiência na gestão logística garante que os produtos estejam disponíveis quando e onde forem necessários, o que é fundamental para a satisfação do cliente e a fidelidade à marca.

Os custos das atividades logísticas influem diretamente na operação da empresa, na satisfação do cliente e na estrutura de custos dos produtos ou serviços oferecidos. Esses custos abrangem gastos relacionados ao transporte, armazenamento, manuseio, tecnologia e pessoal. Listamos a seguir os principais custos logísticos e seu impacto nas operações empresariais.

» **Custos de transporte:** incluem todos os gastos associados ao transporte de produtos, tanto internos quanto externos. Eles podem envolver fretes, custos com veículos próprios, pagamento a transportadoras terceirizadas, combustível, pedágios e manutenção de veículos. Normalmente, são um dos maiores componentes dos custos logísticos totais. Aumentos nos preços do combustível ou ineficiências nas rotas de transporte podem elevar tais custos, exigindo que a empresa ajuste seus preços e, consequentemente, perca competitividade. Por outro lado, uma gestão eficiente do transporte (através, por exemplo, da otimização de rotas e da negociação de contratos favoráveis com transportadoras) pode reduzir custos significativamente.
» **Custos de armazenagem:** englobam os gastos associados ao armazenamento de materiais e produtos, o que inclui aluguel de espaço, custos de utilidades, equipamentos de manuseio, seguros e salários de pessoal envolvido na gestão do armazém. Uma armazenagem ineficiente pode resultar em altos custos de estocagem e, potencialmente, em obsolescência de produtos. Estoques excessivos também aumentam os custos, enquanto a falta de produtos pode levar a rupturas de estoque e perda de vendas, prejudicando a receita da empresa. O emprego de sistemas de gerenciamento de armazém (WMS) pode contribuir para o uso mais racional do espaço e a redução dos custos de armazenagem.
» **Custos de inventário:** referem-se ao valor associado à manutenção e ao gerenciamento de estoques, incluindo os custos de aquisição, armazenagem e deterioração ou obsolescência dos produtos. Um controle inadequado de inventário pode resultar em custos excessivos para a empresa. Baixos níveis de estoque podem causar falta de produtos e perda de oportunidades de venda, enquanto altos níveis podem resultar em capital ocioso e custos elevados de armazenagem. Uma gestão eficiente do inventário é crucial para minimizar custos e maximizar a liquidez.

- **Custos de manuseio de material:** incluem gastos com a movimentação e o manuseio de materiais dentro dos armazéns e em outras instalações. Isso envolve salários de trabalhadores, custos de equipamentos de manuseio (por exemplo, empilhadeiras) e despesas operacionais associadas. Custos altos de manuseio podem indicar ineficiências nas operações logísticas, como movimentações excessivas, que podem aumentar o tempo de operação e os custos. Já a automatização de processos de manuseio, por exemplo, pode reduzir custos e aumentar a eficiência.
- **Custos de tecnologia da informação:** abrangem os investimentos em sistemas de tecnologia e software para gerenciar operações logísticas, como sistemas de gerenciamento de transporte (TMS), de estoque e de rastreamento de pedidos. Embora os custos possam ser significativos, a implementação eficaz de tecnologia tem a capacidade de aumentar a eficiência operacional, reduzir erros e melhorar a visibilidade da cadeia de suprimentos. A longo prazo, tais investimentos podem criar uma estrutura de custos mais enxuta, com efeito positivo na margem de lucro.
- **Custos de compliance e regulamentação:** são as despesas para cumprir as diversas regulamentações relacionadas a transporte, armazenagem e segurança, incluindo gastos com auditorias, consultorias e atualizações de processos para garantir a conformidade. Esses custos costumam ser altos, mas descumprir regulamentações pode resultar em penalidades administrativas e financeiras consideráveis e em efeitos danosos à imagem da empresa. Investimentos em conformidade podem, portanto, ajudar a evitar custos futuros mais altos e a preservar a integridade da marca.
- **Custos de atendimento ao cliente:** são relacionados ao investimento feito para garantir a satisfação do cliente, incluindo gestão de devoluções, serviços de atendimento ao cliente e suporte na coordenação de entregas. Serviços de logística que não atendem adequadamente às expectativas dos clientes podem resultar em insatisfação e perda de negócios. Por outro lado, investimentos em logística que melhorem a experiência do cliente podem incentivar a fidelidade e aumentar a receita a longo prazo.

## O custo em marketing

A área de marketing desempenha um papel crucial na estratégia e nas operações de uma empresa, sendo responsável por compreender o mercado, o consumidor e como a empresa se posiciona em relação aos concorrentes. A estrutura das funções de marketing é multifacetada e abrange diversas atividades inter-relacionadas, listadas a seguir.

» **Pesquisa de mercado:** compreende a coleta e a análise de dados sobre consumidores, concorrentes e tendências do mercado. Busca entender as necessidades e preferências dos consumidores, além de identificar oportunidades e ameaças no ambiente competitivo.

» **Desenvolvimento de produto:** colabora com as áreas de produção e desenvolvimento para criar e aperfeiçoar produtos ou serviços que atendam às expectativas e necessidades dos clientes. Inclui a definição de características do produto, embalagem e diferenciação em relação à concorrência.

» **Estratégia de preços:** define a política de preços dos produtos ou serviços, considerando fatores como custo, concorrência, valor percebido pelos consumidores e elasticidade da demanda. É importante para aumentar as margens de lucro e a participação no mercado.

» **Comunicação e promoção:** abrange atividades relacionadas à comunicação da proposta de valor da empresa aos clientes, incluindo campanhas de publicidade, promoções, marketing digital e relações públicas. A comunicação efetiva da marca ajuda a construir reconhecimento e lealdade entre os consumidores.

» **Distribuição:** relaciona-se à seleção dos canais de distribuição e à logística necessária para garantir que os produtos cheguem aos clientes. A escolha dos canais impacta a acessibilidade dos produtos e a experiência do cliente.

» **Customer relationship management (CRM):** visa entender, antecipar e atender às demandas dos clientes. Inclui a coleta de dados sobre clientes, a análise de seus comportamentos e o desenvolvimento de estratégias para melhorar a experiência deles e aumentar a fidelidade.

**★ IMPORTANTE**

A área de marketing reflete diretamente na capacidade da empresa de gerar receitas. Uma função de marketing bem estruturada pode identificar e explorar oportunidades de mercado, promovendo produtos e serviços que atendam à demanda dos consumidores. Além disso, permite avaliar e monitorar a performance das campanhas, promover ajustes em tempo real quando necessário e garantir que os recursos sejam alocados eficazmente para maximizar o retorno sobre o investimento.

O marketing digital, particularmente, tornou-se uma ferramenta poderosa para empresas em mercados competitivos, permitindo segmentação precisa, interatividade e personalização das ofertas.

Os custos da área de marketing são fundamentais para a promoção da marca, a aquisição de clientes e a manutenção da competitividade no mercado. As categorias de custos associados à área de marketing estão listadas a seguir.

- **Custos de pesquisa de mercado:** englobam gastos associados à coleta e à análise de dados sobre o mercado, consumidores e concorrência. Eles podem envolver a realização de pesquisas, questionários, grupos focais e utilização de ferramentas analíticas e de inteligência de mercado, investimentos importantes para entender as necessidades e as preferências dos consumidores. Custos elevados em pesquisa podem impactar o orçamento de marketing e diminuir a margem de lucro. Contudo, pesquisas bem realizadas podem orientar decisões estratégicas e direcionar campanhas mais eficazes, resultando em um bom retorno sobre o investimento.
- **Custos de publicidade e promoção:** incluem despesas com campanhas publicitárias em diversos meios, como televisão, rádio, mídia impressa e digital, redes sociais e eventos promocionais. Esses

custos podem englobar criação de conteúdo, design gráfico, compra de espaço publicitário e promoções de vendas. Investimentos significativos em publicidade são frequentemente necessários para construir e manter a visibilidade da marca. No entanto, campanhas ineficazes podem gerar custos elevados sem resultados tangíveis, prejudicando a lucratividade do negócio. A publicidade deve ser eficaz para impulsionar as vendas e aumentar a participação no mercado, gerando receita que compense os custos iniciais.

- **Custos de desenvolvimento de produto:** envolvem despesas relacionadas a pesquisa, design e lançamento de novos produtos ou melhorias em produtos existentes. Isso inclui testes de produtos, material para protótipos e marketing de lançamento. Embora esses custos sejam necessários para assegurar que os produtos atendam às expectativas do mercado, eles podem pressionar a estrutura de custos globais da empresa. Se os novos produtos não forem bem recebidos no mercado, o retorno sobre tais custos pode ser diminuído. Por outro lado, inovações que atendam bem às necessidades dos consumidores podem resultar em preços mais altos e, consequentemente, melhores margens de lucro.
- **Custos de marketing digital:** incluem, por exemplo, investimentos em search engine optimization (SEO), gerenciamento de redes sociais, marketing de conteúdo e publicidade online. Embora o marketing digital possa ser uma maneira mais econômica de alcançar públicos-alvo, os custos com campanhas online, plataformas de automação de marketing e criação de conteúdo podem se acumular rapidamente. Para um retorno adequado, é importante uma abordagem digital bem-sucedida, que considere a capacidade de segmentação e personalização e vise a eficiência das campanhas.
- **Customer relationship management (CRM):** inclui despesas com softwares, treinamento da equipe e atividades relacionadas para cultivar o relacionamento com o cliente. Embora esses custos possam ser elevados, o CRM tem o potencial de aumentar a lealdade, promover cross selling (vendas cruzadas) e reduzir a rotatividade de clientes, resultando em economia a longo prazo. Um bom

sistema de CRM pode melhorar as operações de marketing, direcionando esforços e aprimorando o uso de recursos.

**★ PARA SABER MAIS**

Ao final do livro (apêndice B), você pode conferir um quadro sinóptico com boas práticas de gestão em cada área funcional aqui abordada. Essas práticas permitem maximizar o uso dos recursos, que são quase sempre insuficientes para os pequenos negócios no Brasil. O quadro considera os propósitos e aplicações das práticas, bem como sua finalidade e limitações. Ressalta-se que o quadro oferece uma visão geral, não tendo a pretensão de abarcar todas as boas práticas de gestão.

## ☛ Arrematando as ideias

Conflitos interdepartamentais, não incomuns, afetam a eficiência operacional e a cultura organizacional das empresas, impactando os custos dos produtos e serviços ofertados. Um alinhamento dos interesses dos departamentos em torno de uma estratégia única – somado a uma gestão integrada e a uma comunicação clara entre RH, finanças, produção, logística, marketing e outras áreas – permite uma melhor alocação de recursos, minimizando perdas e maximizando lucros.

Nesse alinhamento, a área de RH desempenha um papel crítico, com repercussões no desempenho de toda a empresa. A gestão financeira, por sua vez, tem o papel de garantir a sustentabilidade econômica da organização, enquanto a produção, quando eficiente, melhora o volume e a qualidade do que é produzido, resultando em um aumento do valor percebido pelos clientes e, consequentemente, das margens de lucro. Para que isso ocorra, a produção deve ser apoiada pela logística, com sua atenção voltada ao transporte, armazenamento e manuseio de produtos e matérias-primas. Finalmente, um marketing bem gerido contribui decisivamente para o retorno sobre os investimentos.

Tudo isso deve ser permeado por um controle rigoroso dos custos de todas as áreas. Esse controle é essencial para a empresa alcançar o equilíbrio financeiro e aumentar sua competitividade.

# 6 O custo não é exato

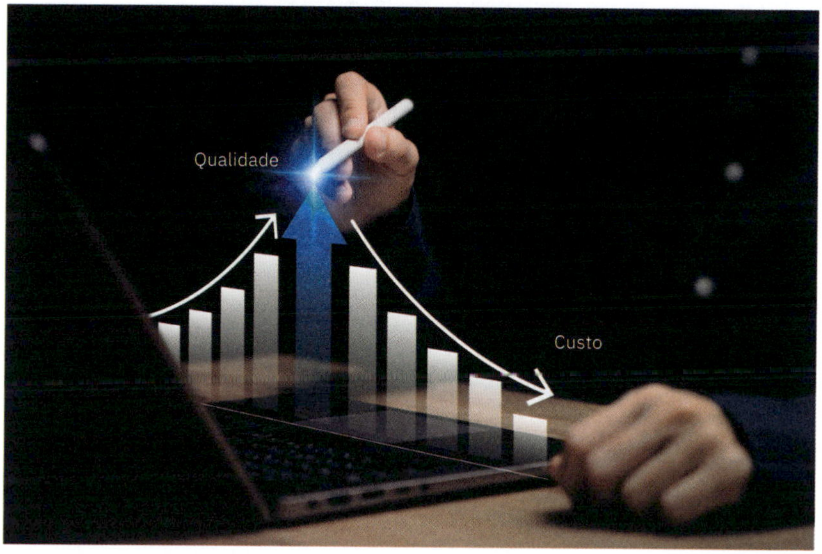


*Equilibrar qualidade e custo, como exigido pelo mercado, é um desafio. Para isso, são necessários métodos precisos para controlar e reduzir os custos sem comprometer a qualidade e a eficiência.*

Na gestão empresarial, o controle de custos é essencial para a lucratividade, a rentabilidade e a eficiência operacional. No entanto, determinar com precisão os custos de produtos e serviços é desafiador devido a vários fatores, como complexidades teóricas e tecnológicas, capacitação da mão de obra, etc. Esses fatores afetam a alocação de custos e causam variações operacionais e metodológicas.

Há diversos procedimentos legais ou gerenciais para definir o custo dos processos produtivos, sejam eles industriais, comerciais ou de prestação de serviços. No entanto, independentemente do método utilizado, essa definição é complexa e sujeita a incertezas. A única certeza em custo é que não existe o custo certo, e a escolha de um ou mais métodos deve considerar o contexto específico e a realidade de cada empresa. Compreender as limitações e desafios de cada abordagem, bem como sua aplicabilidade, é vital para controlar os custos com eficácia e precisão.

Investimentos em tecnologia, treinamento e análise contínua também são essenciais para aprimorar esse processo e minimizar incertezas na mensuração dos custos. Já que definir o custo exato é altamente subjetivo, o ideal é aproximar-se o máximo possível do cenário real. É preciso buscar continuamente uma avaliação realista.

Sem a adoção de um método de custeio é praticamente impossível alcançar os resultados esperados nos negócios, seja em termos de lucros ou rentabilidade do capital. Por isso, neste capítulo, conheceremos os princípios desses métodos e veremos por que estabelecer o custo de produtos e serviços é tão difícil.

★ **IMPORTANTE**

Se você não pode estabelecer o preço de mercado, ou seja, se você não é o líder de mercado na estratégia de preço e sim quem segue essa estratégia, a alternativa para conseguir lucros é trabalhar os custos de forma austera.

## Dificuldades para estabelecer custos com precisão

Você sabe quais são os impasses para estabelecer com precisão o custo de um produto ou serviço? Alguns deles, como os listados a seguir, são bem relevantes.

- **Alocação de custos:** a distribuição de custos fixos e variáveis pode ser complexa, muitas vezes levando a distorções e dificuldades para entender o custo real de um produto ou serviço.
- **Estimativas subjetivas:** em métodos como o custeio baseado em tempo e o custeio ABC, a necessidade de estimar tempos e custos das atividades pode ser influenciada por fatores subjetivos.

- **Variações de produção:** mudanças nas operações e flutuações no uso de recursos produtivos podem impactar a exatidão dos custos, especialmente em ambientes de produção variável.
- **Complexidade das atividades:** métodos que dependem da identificação de atividades, tal como o custeio ABC, enfrentam desafios para definir e medir com exatidão essas atividades.
- **Conjunturas de mercado:** fatores externos, como oscilações de preços de materiais primários e mudanças na demanda podem tornar difícil a previsão precisa dos custos.
- **Ciclo de vida do produto:** a abordagem do ciclo de vida envolve considerar uma vasta gama de variáveis ao longo do tempo, o que complica a previsão de custos a longo prazo.
- **Limitações de dados:** a falta de dados precisos e atualizados pode levar a conclusões erradas sobre os custos, dificultando a análise efetiva.

Agora que você conhece os principais impasses para estabelecer o custo de um produto ou serviço, vamos aos métodos de custeio, que podem nos ajudar a enfrentar esses obstáculos.

## Métodos de custeio

Nesta seção vamos apresentar a você vários métodos de custeio. O intuito não é confundir ou desincentivar, pelo contrário: queremos destacar a importância de estabelecer um controle de custos satisfatório, especialmente em pequenos negócios, cuja capacidade financeira é geralmente menor.

A existência de diversos métodos de custeio mostra que, ao longo do tempo, muitos pesquisadores se preocuparam em demonstrar cientificamente a necessidade de um controle pleno dos custos. As abordagens são distintas e cumprem diferentes propósitos, mas todas elas enfrentam alguma limitação.

O quadro 6.1 oferece uma visão geral e integrada de métodos reconhecidos de custeio, considerando a aplicação, a finalidade, a relevância e a principal limitação de cada um deles. O quadro, vale lembrar, não abarca todos os tipos de custeio existentes.

*Quadro 6.1 – Métodos de custeio*

| Método | Aplicação; finalidade | Relevância | Limitação |
|---|---|---|---|
| Custeio por absorção | Relatórios financeiros; compliance contábil e fiscal. | Atende aos princípios contábeis. | Pode distorcer a lucratividade a curto prazo. |
| Custeio variável (ou direto) | Análise de lucratividade; gerenciamento de custos. | Aumenta a clareza na análise de margens. | Ignora custos fixos alocados. |
| Custeio por margem de contribuição | Análise de lucratividade; gestão de mix de produtos/serviços. | Auxilia a decisão de venda. | Ignora a análise dos custos fixos. |
| Custeio ABC (activity-based costing) | Cálculo de custos por atividades; melhoria de processos. | Identifica desperdícios e ineficiências. | Tem implementação complexa. |
| Custeio-padrão | Orçamentação; controle orçamentário. | Facilita a comparação com custos reais. | Pode ser rígido e desatualizado. |
| Custeio kaizen | Melhoria contínua; redução de custos. | Foca melhorias incrementais. | Tem limitações para resultados de longo prazo. |
| Custeio RKW (ou pleno) | Análise de custos; cálculo preciso de custos. | Detalha profundamente as atividades. | Pode ser complexo na prática. |
| Custeio baseado em tempo | Cálculo de custos; simplicidade na alocação. | É flexível e simples. | Enfrenta o desafio de precisar o tempo empregado. |
| Custeio just-in-time | Gerenciamento de produção; minimização dos estoques. | Reduz custos de inventário. | Apresenta riscos consideráveis em mercados voláteis. |
| Custeio ecológico | Sustentabilidade; custos ambientais. | Foca práticas sustentáveis. | Tem adoção ainda incipiente. |

*(cont.)*

| Método | Aplicação; finalidade | Relevância | Limitação |
|---|---|---|---|
| Custeio GPK | Análise financeira; apoio às decisões gerenciais. | Conexão entre custos fixos e variáveis. | É complexo e pouco conhecido fora da Alemanha. |
| Custeio por processo | Indústrias contínuas; custo médio por processo. | É mais simples para produção em massa. | Desconsidera variação de custos individuais. |
| Custeio por ordem | Encomendas específicas; rastreabilidade de custos. | É adaptável a produções sob encomenda. | Pode ser oneroso em termos de tempo e gestão. |
| Custeio relativo (ou comparativo) | Análise de decisão; comparação de alternativas. | Facilita a escolha baseada em custos. | Pode não considerar todos os fatores qualitativos. |
| Custeio do ciclo de vida | Análise total; avaliação de viabilidade. | Fornece uma visão completa dos custos ao longo do tempo. | Exige muitos dados e análises temporais. |
| Custeio móvel | Ajustes de custos; resposta rápida às mudanças. | É flexível e responsivo. | Pode ser difícil manter a consistência. |
| Custeio estocástico | Análise com incertezas; previsão e planejamento. | Utiliza dados estatísticos para aumentar a precisão. | Tem modelagem e implementação complexas. |
| Custeio incremental | Análise de decisão; custos adicionais. | Identifica custos reais de mudanças | Tem visão limitada dos custos totais. |

A seguir, abordamos mais detidamente cada um dos métodos de custeio presentes no quadro.

### Custeio por absorção

O custeio por absorção é um dos métodos mais tradicionais, exigido pelas normas contábeis e fiscais para demonstrações financeiras. Nele, todos os custos fixos e variáveis são alocados aos produtos.

Esse método tem seus benefícios, especialmente em termos de conformidade contábil e avaliação dos custos totais. No entanto, há nele algumas limitações, especialmente na análise de lucratividade e na tomada de decisões de gestão. Por isso, quando o custeio por absorção não é exigido legalmente, antes de adotá-lo as empresas devem considerar as características específicas do seu ambiente operacional. Uma abordagem equilibrada pode ser a combinação do custeio por absorção com outros métodos, como o custeio variável ou o custeio baseado em atividades, para obter uma visão mais precisa e útil das finanças.

Para os pequenos negócios, para além do cumprimento das normas contábeis, o custeio por absorção pode ser uma ferramenta valiosa, pois permite uma visão abrangente dos custos totais dos produtos, contemplando tanto os custos fixos quanto os variáveis. Só é preciso ter ciência de que a complexidade na alocação de custos, ao tornar a análise dos resultados mais desafiadora, pode levar a decisões baseadas em informações menos precisas.

### Custeio variável (ou direto)

Nesse método, somente os custos variáveis são alocados aos produtos, enquanto os fixos são tratados como gastos do período. O custeio variável é uma ferramenta valiosa para a gestão interna, pois dá clareza à análise de lucratividade e melhora a tomada de decisão em curto prazo. No entanto, suas limitações em relação à alocação de custos fixos e conformidade contábil tornam essencial que as empresas combinem esse método com outras abordagens (como o custeio por absorção) para obter uma perspectiva completa de suas finanças. Implementar uma abordagem mista pode trazer benefícios significativos, permitindo à empresa adaptar-se tanto às necessidades gerenciais quanto às exigências legais e financeiras.

O custeio variável pode ser eficiente para as pequenas empresas, pois foca nos custos que mudam proporcionalmente ao volume de produção, possibilitando aos gestores um entendimento claro da margem de contribuição ao longo do período (conferir "Para saber mais" a seguir). Quando aplicado, esse custeio permite identificar os produtos que mais contribuem para cobrir a estrutura fixa e estabelecer o ponto de equilíbrio das operações.

★ **PARA SABER MAIS**

Margem de contribuição é o valor que sobra da receita obtida com as vendas dos produtos ou serviços, utilizado para pagar a estrutura fixa (custos fixos e despesas fixas) após o pagamento dos custos e despesas variáveis dessas mesmas vendas. Os custos e despesas variáveis incluem tributos (impostos e contribuições), insumos produtivos, produtos para revenda, salários do pessoal e outros gastos resultantes dessas vendas. A margem de contribuição é essencial para cobrir a estrutura fixa e gerar lucro.

### Custeio por margem de contribuição

Esse método se concentra na contribuição de cada produto ou serviço para a cobertura dos custos fixos (estrutura fixa) e o lucro decorrente. Semelhante ao custeio variável, o custeio por margem de contribuição é uma ferramenta valiosa para análise interna, permitindo que as empresas entendam a lucratividade de seus produtos e serviços de forma clara e concisa. Especialmente na gestão do mix de produtos, ele ajuda a embasar decisões estratégicas, como o que vender e o que descontinuar.

Essa abordagem é particularmente útil para pequenos negócios, pois permite que os gestores avaliem rapidamente a viabilidade financeira de cada produto ou serviço com base em sua capacidade de cobrir custos fixos e gerar lucro. Para maximizar sua eficácia, é recomendável que pequenas empresas combinem o custeio por margem de contribuição com outros métodos contábeis, assegurando uma análise financeira mais abrangente e alinhada a suas necessidades operacionais e estratégicas.

Quanto às limitações, o não reconhecimento de custos fixos alocados aos produtos e a dificuldade de adequação para relatórios externos devem ser considerados. Esses pontos exigem cautela dos gestores para evitar uma visão distorcida dos resultados obtidos.

### Custeio ABC (activity-based costing)

No custeio ABC, os custos são atribuídos aos produtos com base nas atividades que consomem recursos. Partindo da premissa de que toda atividade exige sacrifícios financeiros, esse método ajuda a identificar áreas ineficientes, rastreando as atividades de apoio à produção e os processos produtivos propriamente ditos.

O custeio ABC é uma ferramenta poderosa para a análise de custos, oferecendo precisão e insights valiosos que podem levar a decisões mais informadas e melhorias operacionais. No entanto, sua complexidade, assim como os custos associados a sua implementação e manutenção, pode ser uma barreira significativa para algumas empresas, especialmente as menores. Assim, as empresas que pretendem adotar o custeio ABC, em particular os pequenos negócios, devem fazer uma análise cuidadosa para verificar se os ganhos potenciais em eficiência justificam o investimento inicial. Além disso, é importante considerar uma adoção gradual ou combinada com outros métodos de custeio, para garantir que os benefícios sejam aproveitados sem comprometer a agilidade nos controles e a viabilidade financeira.

### Custeio-padrão

Esse método estabelece o custo-padrão com base em históricos e expectativas, ajudando a identificar variações em relação ao desempenho real. Ele é uma ferramenta útil para controle de custos e gestão orçamentária, pois oferece um meio de padronização e análise de desempenho. No entanto, sua rigidez e a necessidade de constante atualização podem gerar desvantagens significativas.

É aconselhável que pequenos empreendimentos adotem o custeio-padrão de maneira flexível, revisando periodicamente os padrões estabelecidos e integrando outras abordagens. Isso assegura que suas práticas de gestão de custos se mantenham relevantes e adaptadas às dinâmicas do mercado e às necessidades dos clientes.

### Custeio kaizen

O custeio kaizen é uma abordagem valiosa para a melhoria contínua dos processos produtivos, visando reduzir custos de maneira incremental e constante. Um ponto de destaque é o estímulo à cultura positiva de engajamento dos colaboradores, além da capacidade de identificar e resolver problemas rapidamente. No entanto, sua eficácia depende do comprometimento organizacional a longo prazo e pode enfrentar resistência interna às mudanças.

Para maximizar os benefícios dessa abordagem, as empresas devem promover uma comunicação clara, garantir o envolvimento de todos os níveis hierárquicos e utilizar o kaizen como parte de uma estratégia mais abrangente de gestão de custos e eficiência organizacional.

O custeio kaizen pode ser extremamente benéfico para pequenos negócios que buscam não só reduzir custos como promover uma cultura de melhoria contínua entre seus colaboradores. Ao focar melhorias incrementais, essa abordagem ajuda pequenas empresas, com capacidade econômica limitada, a otimizar seus processos de produção, tornando-as mais eficientes e competitivas sem a necessidade de grandes investimentos iniciais.

### Custeio RKW (ou pleno)

Desenvolvido na Alemanha, esse método considera os custos diretos e os indiretos, com detalhamento intensivo das atividades. O custeio RKW (do alemão *Reichskuratorium für Wirtschaftlichkeit*, Conselho Administrativo do Império para a Eficiência Econômica) oferece vantagens significativas ao proporcionar uma alocação detalhada de custos e informações valiosas para a tomada de decisões. Sua força reside na capacidade de lidar com ambientes complexos e melhorar a visibilidade sobre atividades que geram custos.

No entanto, suas limitações incluem a complexidade de implementação e a necessidade de dados precisos, o que pode representar um desafio, especialmente para empresas menores ou menos estruturadas. As empresas interessadas em adotar o custeio RKW devem avaliar cuidadosamente esses pontos e determinar se a complexidade e os custos associados são justificados pelos benefícios potenciais na gestão de custos e operações.

Em um pequeno negócio, uma abordagem prudente deve considerar uma implementação gradual ou o uso de ferramentas simplificadas que aproveitem os princípios do custeio RKW adaptando-os à realidade das operações.

### Custeio baseado em tempo

Uma extensão do ABC, esse método utiliza o tempo como base da alocação de custos, simplificando a atribuição ao considerar a capacidade ociosa. O custeio baseado em tempo, ou time-driven activity-based costing (TDABC), oferece uma abordagem moderna e simplificada para a alocação de custos, destacando a importância do tempo na determinação dos custos totais. Seus pontos fortes incluem a flexibilidade, a visibilidade melhorada da lucratividade e a redução dos custos mensurados. No entanto, sua eficácia depende da precisão dos dados coletados, e o método pode enfrentar desafios em processos complexos ou não lineares.

As empresas que consideram implementar o TDABC devem ter uma estrutura de dados robusta e uma cultura que favoreça a análise e a melhoria contínua. E essa pode ser uma limitação considerável para pequenas empresas que não contem com sistemas robustos de gestão de informações. Por isso, é essencial que os pequenos negócios que queiram implementar o TDABC desenvolvam uma cultura que valorize a coleta e a análise de dados. Só assim esse método de custeio trará os benefícios esperados e contribuirá para um controle mais eficiente dos custos operacionais.

### Custeio just-in-time (JIT)

Inspirado pela filosofia de produção enxuta, esse método busca minimizar estoques e custos associados ao excesso de produção. O custeio just-in-time é uma abordagem eficaz para reduzir desperdícios, melhorar o fluxo de caixa e aumentar a eficiência operacional. Seus pontos fortes incluem a minimização de estoques e uma forte ênfase na qualidade e na flexibilidade. No entanto, a dependência de fornecedores confiáveis e o risco de interrupções na produção são desafios significativos que podem prejudicar a eficácia do método.

Antes de implementar o JIT, as empresas devem avaliar cuidadosamente suas operações, cadeias de suprimentos e cultura organizacional, além de construir relações sólidas com fornecedores e desenvolver estratégias para mitigar os riscos associados a esse método. Isso vale também para as pequenas empresas, para quem o JIT pode ser proveitoso, pois permite uma gestão mais eficiente dos recursos e pode se traduzir em uma operação mais enxuta e rentável. Integrar o JIT com outras práticas de gestão de estoques também pode ser um caminho eficaz para garantir uma operação ágil e resiliente.

### Custeio ecológico

Esse método, que considera os custos ambientais e de sustentabilidade, ainda é emergente, mas tem ganhado importância em setores regulados ou ecoconscientes. O custeio ecológico representa uma abordagem inovadora e necessária para empresas que desejam alinhar suas operações com práticas de sustentabilidade e responsabilidade ambiental. Seus pontos fortes incluem a identificação de custos ecológicos, a conformidade regulatória e o aumento da eficiência operacional. No entanto, a complexidade da mensuração de custos, a resistência cultural e os custos iniciais de implementação são desafios significativos a serem enfrentados.

As empresas devem abordar o custeio ecológico de maneira proativa, reforçando seus resultados de longo prazo e desenvolvendo uma estratégia precisa para superar obstáculos e integrar a sustentabilidade em sua cultura e operações. Esse é um método promissor para empresas (incluindo pequenos negócios) que buscam não apenas melhorar sua eficiência operacional, mas também integrar práticas sustentáveis em suas operações diárias. É crucial que esses negócios mensurem amplamente a relação custo-benefício para a sua implantação e abordem essa metodologia de forma planejada. O desenvolvimento de uma cultura corporativa que valorize a sustentabilidade, com estratégias para superar os desafios iniciais, demanda altos investimentos, mas esse passo é essencial para garantir que as práticas ambientais tragam benefícios tangíveis a longo prazo.

### Custeio GPK

Adotado principalmente na Alemanha, esse é um método detalhado, que combina custos fixos e variáveis planejados para apoiar a tomada de decisão. O custeio GPK (*Grenzplankostenrechnung*) é uma ferramenta potente para a identificação e alocação precisa de custos, proporcionando percepções valiosas para decisões e controle orçamentário. Seus pontos fortes incluem a flexibilidade, a capacidade de identificar ineficiências e o suporte à gestão estratégica.

Apesar dessas vantagens, a complexidade e os custos relativos à manutenção desse método podem gerar dificuldades significativas. As empresas devem avaliar cuidadosamente seus recursos e capacidades antes de adotar o GPK, garantindo que tenham um entendimento claro de como os dados serão coletados e utilizados.

Os pequenos negócios devem estar cientes de que a implementação desse método é particularmente desafiadora por conta dos custos associados à coleta e à manutenção de dados precisos. Esses empreendimentos precisam avaliar sua capacidade interna antes de adotar o GPK, planejando como os dados serão geridos e utilizados de forma a maximizar os benefícios do sistema, enquanto minimizam as dificuldades envolvidas em sua adoção. Com uma abordagem bem estruturada, pequenos negócios podem transformar o custeio GPK em um aliado estratégico que potencializa sua eficiência e rentabilidade.

### Custeio por processo

Utilizado em indústrias cuja produção é contínua ou em massa, esse método acumula custos por departamentos ou processos produtivos. O custeio por processo é uma abordagem efetiva para a análise de custos em ambientes de produção, oferecendo uma visão clara dos gastos associados a cada etapa do processo produtivo. Sua força está principalmente na simplicidade da alocação de custos e na capacidade de melhorar o controle de qualidade.

Entre suas limitações, podemos citar a dificuldade em lidar com custos indiretos e produtos diversificados. Considerando essa limitação de flexibilidade, as empresas devem analisar minuciosamente o ambiente em que operam e as características de seus produtos ao decidir implementar o custeio por processo.

Em ambientes de pequenas operações, o custeio por processo pode ser uma metodologia útil especialmente em setores que operam com produção contínua ou em massa. Esse é o caso dos produtos manufaturados, cujos custos precisam ser acumulados de maneira sistemática ao longo das etapas produtivas. Se adotado, o custeio por processo deve ser bem integrado à linha de produção e cuidadosamente alinhado a um sistema que considere a diversidade de produtos e as variações de custos envolvidos.

### Custeio por ordem

Esse método costuma ser aplicado no custeio de produtos feitos sob encomenda, com os custos rastreados por ordens individuais de produção. O custeio por ordem é oportuno para empresas que trabalham com produção personalizada, permitindo um rastreamento detalhado dos custos associados a cada projeto ou pedido. Flexível, ele acompanha o desempenho e apoia o controle orçamentário.

Para empreendedores que se especializam em produção sob encomenda, como artesãos, estúdios de design ou pequenas produções customizadas, o custeio por ordem é particularmente útil. Contudo, os pequenos empreendimentos devem considerar que a implementação do custeio por ordem pode ser complexa e exigir uma gestão cuidadosa, além de demandar um sistema contábil robusto (ou ao menos um sistema de controle minucioso) para evitar erros na alocação de custos.

## Custeio relativo (ou comparativo)

Esse método, que compara os custos de diferentes alternativas ou cenários, é uma ferramenta útil para avaliar alternativas em decisões financeiras, permitindo que as empresas comparem custos de forma eficaz e identifiquem oportunidades de otimização. O custeio relativo é uma abordagem simples, que apoia a tomada de decisões com agilidade; suas limitações, porém, incluem a desconsideração dos custos totais e a dependência de dados precisos, que podem levar a análises superficiais em ambientes de mercado dinâmicos. Assim, as empresas devem usar o custeio relativo como parte de uma estratégia mais extensa de análise de custos, complementando-a com outros métodos para garantir uma visão mais completa e precisa da realidade operacional.

Para as pequenas empresas, o custeio relativo é especialmente útil na comparação entre diferentes fornecedores, processos de produção ou estratégias de marketing. A facilidade de implementação e a rápida obtenção de resultados são vantagens significativas para empresas com baixa capacidade financeira. Porém, não se deve desconsiderar os principais entraves citados: a análise superficial dos custos totais e a dependência de dados precisos e completos, que podem não estar disponíveis em negócios menores.

## Custeio do ciclo de vida

Esse método considera todos os custos relacionados ao ciclo de vida de um produto, desde a pesquisa e desenvolvimento até o descarte. Com essa perspectiva abrangente e sustentável, o custeio do ciclo de vida mostra-se capaz de promover melhorias e inovações. No entanto, trata-se de uma abordagem complexa, cujo custo de implementação pode ser uma barreira significativa, especialmente nos ambientes em que os dados são difíceis de serem coletados ou gerenciados. Assim, as empresas que buscam adotar o custeio do ciclo de vida devem investir na coleta de dados de qualidade para maximizar os benefícios dessa metodologia abrangente de planejamento e análise de custos.

Essa ferramenta é particularmente útil em ambientes onde os recursos são limitados e as decisões precisam ser tomadas rapidamente – caso das pequenas empresas. Entretanto, essas empresas devem estar cientes da exigência de um investimento inicial significativo e das limitações do método, como a incapacidade de considerar os custos totais de cada alternativa produtiva e a já citada necessidade de dados precisos, cuja obtenção pode ser desafiadora para negócios menores.

### Custeio móvel

Esse método, que ajusta os custos com base em mudanças na produção e nas condições de mercado, é uma abordagem útil para empresas que necessitam flexibilidade e adaptabilidade em sua análise de custos, especialmente em ambientes de produção variáveis. O custeio móvel é apto a fornecer esclarecimentos em tempo real e uma análise clara das margens de contribuição. Não obstante, tem implementação complexa e enfatiza custos variáveis correntes em detrimento de considerações de longo prazo. As empresas que pensam em adotá-lo devem estar preparadas para investir em sistemas de dados e tecnologia que suportem essa abordagem, assim como para manter uma visão holística da gestão de custos que inclua tanto os custos variáveis quanto os fixos.

Nos pequenos negócios, a adoção do custeio móvel pode ser considerada especialmente pelas empresas que operam em setores onde a produção e as condições de mercado flutuam frequentemente, como manufatura sob demanda ou serviços sazonais. Essas empresas, porém, devem estar cientes da necessidade de sistemas de dados robustos que deem suporte a essa abordagem dinâmica. Além disso, ao optar por esse sistema, é fundamental que ele não seja a principal ferramenta de controle de custos, mas sim parte de uma estratégia integrada de gestão de custos. Tanto os custos variáveis quanto os fixos devem ser monitorados, proporcionando uma visão abrangente da situação financeira e sustentando decisões embasadas.

### Custeio estocástico

Essa abordagem utiliza métodos estatísticos para lidar com a incerteza nos custos e demanda, auxiliando a previsão e o planejamento organizacional. O custeio estocástico é uma metodologia avançada que fornece uma análise probabilística capaz de melhorar a compreensão de riscos e incertezas. Suas forças incluem a capacidade de modelar variáveis de forma realista e o apoio à tomada de decisões informadas. No entanto, sua implementação é complexa, o investimento requerido em infraestrutura de dados é alto, e suposições consistentes são necessárias.

Essas limitações são significativas, e as empresas que consideram adotar o custeio estocástico devem estar preparadas para investir em recursos técnicos avançados e em um alto nível de capacitação dos seus recursos humanos. Só assim elas conseguirão lidar com as nuances dessa metodologia de custeio, integrando-a de forma eficaz a seus processos de tomada de decisão.

O custeio estocástico pode oferecer uma valiosa vantagem competitiva para pequenos negócios que desejam aprimorar seu planejamento organizacional e sua análise de custos em um ambiente marcado pela incerteza, como em setores sazonais ou de alta volatilidade de mercado. Entretanto, uma análise cuidadosa deve ser feita antes de sua implementação, devido ao investimento considerável em infraestrutura de dados e tecnologia, além do elevado nível de capacitação técnica dos colaboradores. Em geral, a realidade econômico-financeira desses negócios dificulta tanto o acesso a tecnologias mais sofisticadas quanto a atração e retenção de mão de obra de maior remuneração.

### Custeio incremental

Esse método analisa os custos adicionais que surgem de uma decisão específica, como a introdução de um novo produto. O custeio incremental é vantajoso para a análise de decisões específicas e de curto prazo, permitindo que as empresas compreendam melhor como essas decisões podem impactar os custos. Seus pontos fortes incluem a simplicidade na análise e a utilidade em avaliações de viabilidade econômica. Quanto às limitações, o custeio incremental não considera todos os custos e tem um foco limitado em cenários mais complexos. Por isso, as empresas devem utilizá-lo como parte de uma análise mais ampla.

Para negócios menores, o custeio incremental pode fundamentar análises para decisões estratégicas sobre, por exemplo, investimentos de curto prazo e lançamento de novos produtos ou serviços. No entanto, as pequenas empresas devem estar atentas ao fato de que o custeio incremental não considera todos os custos relevantes e pode não ser adequado para cenários complexos. Assim como outras metodologias discutidas neste capítulo, é recomendável que essas empresas utilizem o custeio incremental como parte de uma abordagem mais ampla de gestão de custos, complementando-o com análises que considerem tanto os custos incrementais quanto os totais, para garantir que suas decisões sejam sustentáveis e bem embasadas a longo prazo.

**★ IMPORTANTE**

A adoção de métodos de custeio que melhoram a eficiência operacional e auxiliam a tomada de decisões baseadas em dados concretos pode contribuir para uma gestão financeira mais efetiva. Isso, é claro, também vale para os pequenos negócios, sempre respeitando suas características. Em ambientes competitivos e com limitação de recursos, identificar e controlar custos e despesas de forma eficaz é fundamental para a sustentabilidade do negócio a longo prazo.

## Ampliando o horizonte das incertezas

A microeconomia estuda o comportamento das empresas e dos indivíduos em relação aos processos decisórios de aquisições, vendas, volume de produção, demanda e custos. A economia se apresenta como a soma de todas as microeconomias, resultando em um ambiente complexo que inclui as decisões de todos os agentes microeconômicos.

No contexto econômico, sob a perspectiva logística, destaca-se a importância da cadeia de suprimentos: um sistema abrangente e organizado que envolve recursos tangíveis e intangíveis, procedimentos, processos e uma vasta quantidade de informações interligadas, visando a realização eficiente de movimentações, produções, armazenamento e transporte. O objetivo é minimizar os custos de produtos e serviços ao longo de toda a cadeia de suprimentos – desde fornecedores até clientes –, resultando em uma gama de produtos com alto nível de serviço agregado e o menor custo possível para o consumidor final.

Nessa cadeia, o custo de um produto não corresponde à somatória dos custos dos seus materiais, e minimizar o custo de cada produto é primordial para o sucesso de uma organização. Em tal contexto é que se encontra o agente microeconômico, ou seja, uma empresa em particular.

Agora, imagine o quão complexas e incertas são todas as relações entre fornecedores e clientes dessa cadeia, que realizam investimentos e esperam retornos financeiros satisfatórios. As incertezas relacionadas ao controle dos custos de produtos e serviços representam um desafio significativo para uma gestão eficiente, eficaz e efetiva das empresas. Por isso, é necessária uma análise acurada dos processos a fim de evidenciar potenciais perdas que emergem de uma variedade de incertezas, considerando suas causas e os impactos decorrentes, que podem causar perdas financeiras significativas.

A seguir, listamos as principais fontes de incerteza na cadeia de suprimentos.

» **Variação no custo dos insumos produtivos:** pode ocorrer devido a flutuações nos preços de matérias-primas, custos logísticos e mudanças nas taxas de juros e de câmbio. Tais variações podem resultar em aumentos inesperados nos custos de produção, afetando as margens de lucro e a precificação competitiva. Para mitigar esse risco, recomenda-se que as empresas estabeleçam parcerias sólidas com fornecedores, diversifiquem suas fontes de insumos e considerem contratos de proteção contra variações bruscas dos preços (hedge).

- Variação na demanda por produtos e serviços: influenciada por mudanças no comportamento do consumidor e por fatores econômicos externos. Essas situações podem levar a excessos de produção ou produção insuficiente, resultando em estoques obsoletos e perda de receita. A aplicação de análises preditivas e a flexibilidade nos processos de produção são estratégias recomendadas para lidar com essa instabilidade.
- Mudanças nos marcos regulatórios: novas legislações podem exigir investimentos em conformidade e, em alguns casos, resultar em multas. O monitoramento contínuo da legislação e a participação ativa em associações do setor ajudam as empresas a se adaptarem rapidamente às novas exigências.
- Inovação tecnológica: a adoção de novas ferramentas e processos pode exigir investimentos substanciais e requalificação da mão de obra. É crucial que as empresas realizem análises de custo-benefício antes de implementar novas tecnologias e promovam programas de treinamento para garantir que os empregados estejam qualificados para trabalhar com as inovações.
- Riscos operacionais: falhas nos sistemas de produção e manutenção inadequada podem resultar em paradas, maior número de setups e consequente aumento de custos. A adoção de uma abordagem de manutenção preventiva e a automação de processos são estratégias eficazes para reduzir esses riscos.
- Comportamento: a motivação e a satisfação no trabalho são cruciais. Um ambiente positivo, que oferece reconhecimento e feedback adequado, aumenta a produtividade. Os canais de feedback permitem que os colaboradores expressem suas preocupações, ajudando a identificar áreas problemáticas antes que elas provoquem custos significativos. Por outro lado, a desmotivação dos colaboradores aumenta o tempo de produção e a rotatividade de pessoal, acarretando custos extras de recrutamento e treinamento. Nesse sentido, a cultura organizacional exerce um papel importante. Culturas positivas impulsionam o comprometimento, enquanto culturas tóxicas geram resistência à mudança e limitam a inovação, resultando em custos operacionais mais altos. Além

disso, capacitação e treinamento são fundamentais para preparar os empregados, garantindo eficiência no uso de recursos e na aplicação de processos e tecnologias. Sem investimentos desse tipo, aumentam os riscos de erros, desperdícios e ineficiências.

» **Falta de comunicação e colaboração:** a falta de comunicação entre departamentos cria silos organizacionais que resultam em duplicação de esforços e desperdício de recursos, elevando ainda mais os custos. Além disso, a resistência a mudanças é um desafio comum. Quando colaboradores não se sentem devidamente informados sobre novas práticas, as melhorias não ocorrem ou atrasam, prejudicando a competitividade da empresa.

### ★ IMPORTANTE

As empresas devem adotar estratégias gerenciais para mitigar perdas decorrentes de incertezas. Um planejamento financeiro rigoroso e o uso de ferramentas de business intelligence (BI) são fundamentais para antecipar e reagir rapidamente às mudanças do comportamento dos custos (BI é um conjunto de métodos e processos que usam dados sensíveis para otimizar o desempenho de uma empresa ou outro tipo de organização).

Implementar modelos de custeio com vieses precisos e ajustados ao negócio também melhora a alocação de recursos e o controle dos custos. Ao fomentar uma cultura de agilidade organizacional, as empresas estarão mais bem preparadas para se adaptar às flutuações do mercado, fortalecendo sua resiliência financeira e competitividade.

## Um contraponto às incertezas: a filosofia kaizen

*A filosofia kaizen foca a melhoria contínua e incremental. Esse tipo de melhoria é crucial para pequenas empresas com restrições financeiras, pois maximiza a eficiência operacional com os recursos existentes, eliminando desperdícios e otimizando processos sem demandar grandes investimentos iniciais em tecnologia ou pessoal especializado.*

Apesar das diversas dificuldades em se trabalhar os custos de produtos e serviços, é possível estabelecer estratégias organizacionais para mitigar impactos indesejáveis. Uma possibilidade, bem factível, é focar em melhorias incrementais ao longo do tempo. Para isso, é interessante considerar a adoção não apenas do custeio kaizen, já abordado neste capítulo, mas também de uma perspectiva mais abrangente: a filosofia kaizen.

*Kaizen* é um vocábulo de origem japonesa que significa "melhoria contínua". A filosofia kaizen, aplicável tanto à vida pessoal quanto ao ambiente de trabalho, tornou-se emblemática no mundo dos negócios, especialmente no contexto da gestão e do aumento de produtividade. Originária do Japão, a filosofia kaizen foi introduzida por empresas como a Toyota durante a recuperação econômica pós-Segunda Guerra, para otimizar processos e melhorar a qualidade dos produtos sem incorrer em grandes custos.

O centro dessa filosofia é a ideia de que pequenas melhorias incrementais resultam em extraordinários benefícios ao longo do tempo.

Diferentemente de uma mudança radical, que pode causar interrupções significativas, a kaizen fomenta pequenas alterações contínuas que, cumulativamente, transformam processos e resultados de maneira sustentável. Esta abordagem holística (em que há uma compreensão global dos fenômenos) não se limita a soluções técnicas ou operacionais, mas abrange a cultura organizacional como um todo.

A implementação da kaizen envolve todos os membros da organização, desde os altos executivos até o pessoal da linha de frente. Essa inclusão garante que as ideias de melhoria sejam amplamente geradas e faz os colaboradores se sentirem valorizados e responsáveis pelo sucesso da empresa. Ainda, o modo colaborativo estimula a comunicação aberta e a resolução de problemas em equipe, aumentando a motivação e a união no ambiente de trabalho.

Entre os princípios centrais da kaizen está o ciclo PDCA: plan-do-check-act. Na etapa de planejamento (*plan*), problemas são identificados e soluções são concebidas. Durante a execução (*do*), as soluções são implementadas. Na fase de checagem (*check*), os resultados das mudanças são considerados em relação aos objetivos originais. Finalmente, na etapa de ação (*act*), as soluções que se provaram eficazes são padronizadas, e novas metas são estabelecidas para reiniciar o ciclo.

Em todo esse ciclo, a filosofia kaizen busca eliminar tudo o que não acrescenta valor ao produto ou serviço final e impedir o desperdício dos recursos (tempo, material, espaço, etc.). Ao aprimorar processos para reduzir tais desperdícios (e consequentemente os custos), as empresas podem aumentar a eficiência e a satisfação do cliente, por meio da qualidade e dos preços competitivos.

No entanto, a kaizen não se limita à eficiência operacional, refletindo-se em aspectos sociais e ambientais da organização. Por exemplo, um ambiente de trabalho mais seguro e saudável não aumenta apenas a produtividade, mas também o bem-estar dos empregados. Além disso, a kaizen encoraja práticas empresariais éticas, que respeitam o meio ambiente e preservam os recursos naturais para futuras gerações.

Por todos esses motivos, a filosofia kaizen foi amplamente adotada por empresas no mundo todo, independentemente de diferenças culturais ou segmento econômico. Isso se deve à sua adaptabilidade universal e ao foco em princípios aplicáveis a qualquer cenário ou setor.

Em suma, a kaizen se destaca por ser uma filosofia que vê cada pequeno esforço em prol de mudanças salutares como uma contribuição valiosa para uma mudança maior e mais significativa. Para conseguir bons resultados com essa abordagem, é preciso tempo e paciência. Se o objetivo é alcançar resultados imediatos, então é necessário considerar essa limitação. Entretanto, se a intenção é desenvolver uma cultura em que a melhoria contínua é incentivada, a filosofia kaizen será recompensadora, possibilitando uma evolução permanente que geralmente resulta em inovações operacionais, maior lucratividade e equipes mais engajadas.

## Arrematando as ideias

Determinar com precisão os custos de produtos e serviços é uma tarefa complexa, que representa um desafio significativo para empresas de todos os tamanhos, impactando diretamente a gestão financeira e a estratégia dos negócios. Como vimos neste capítulo, muitas razões contribuem para essa complexidade, gerando incertezas na avaliação dos cenários e no processo de tomada de decisão. Essas incertezas afetam a capacidade das organizações de calcular com exatidão a lucratividade dos negócios e a rentabilidade do capital investido, influenciando decisões estratégicas e operacionais. Por isso, entender claramente as limitações existentes nos processos produtivos é de extrema importância para que as empresas alcancem seus objetivos. Tendo em vista esse cenário de incerteza, conhecemos aqui uma série de métodos de custeio, aplicáveis em diferentes contextos, e por fim demos especial destaque à filosofia kaizen – vista não apenas como uma metodologia, mas como uma mentalidade que valoriza a importância dos pequenos passos em direção à melhoria contínua. O compromisso coletivo com a excelência e com os detalhes de cada área, por menor que pareça, pode transformar empresas e indivíduos, produzindo efeitos positivos e duradouros. Estruturando suas estratégias gerenciais em torno da identificação e racionalização das incertezas de custo, as organizações podem não só minimizar impactos negativos, mas também se posicionar de maneira favorável no mercado.

# Apêndices

***Apêndice A*** *– Conflitos mais comuns entre as áreas funcionais de uma empresa*

| Áreas funcionais | Conflitos de interesse | Repercussões operacionais | Repercussões financeiras |
|---|---|---|---|
| RH vs. finanças | Orçamento para treinamento e desenvolvimento: RH pleiteia mais investimentos em treinamento, enquanto finanças busca reduzir custos. | Baixa produtividade devido à falta de treinamento. | Custos mais elevados com recrutamento e seleção. |
| | Remuneração e benefícios: RH busca melhores salários e benefícios para reter talentos, pressionando o orçamento. | Alta rotatividade de empregados. | Perda de receita devido à baixa produtividade e à rotatividade. |
| | Recrutamento e seleção: finanças considera altos os custos de recrutamento e seleção, enquanto RH busca candidatos qualificados, o que exige maior investimento. | Dificuldade em atrair e reter talentos. | Perda de lucratividade. |

| Áreas funcionais | Conflitos de interesse | Repercussões operacionais | Repercussões financeiras |
|---|---|---|---|
| RH vs. produção | Disponibilidade de mão de obra: produção pode exigir mais horas extras ou contratações imediatas, enquanto RH busca um planejamento de pessoal mais estratégico e cuidadoso. | Baixa produtividade devido à falta de pessoal qualificado ou à sobrecarga de trabalho. | Custos adicionais com horas extras ou contratações emergenciais. |
| | Treinamento e qualificação: RH define programas de treinamento, mas a produção pode precisar de habilidades específicas em prazos curtos, gerando conflitos quanto à agilidade do treinamento. | Diminuição da qualidade dos produtos. | Perdas financeiras com produtos defeituosos ou atrasos na entrega. |
| | Gestão de desempenho: as metas de produção são discrepantes da capacidade real da equipe (avaliada pelo RH). | Atraso na entrega de produtos. | Multas por descumprimento de prazos. |
| | Segurança no trabalho: RH foca a prevenção de acidentes, mas a produção vê nisso um obstáculo, considerando burocráticas as medidas de segurança. | Aumento de acidentes de trabalho. | Custos com tratamento tratamento de colaboradores após acidentes de trabalho. |

| Áreas funcionais | Conflitos de interesse | Repercussões operacionais | Repercussões financeiras |
|---|---|---|---|
| RH vs. logística | **Disponibilidade de profissionais (motoristas, operadores logísticos, etc.):** logística precisa de pessoal para atender à demanda, enquanto RH busca planejar contratações estrategicamente. | Atrasos na entrega de produtos e serviços. | Custos adicionais com fretes emergenciais ou contratação de serviços de entrega mais caros. |
| | **Treinamento de pessoal logístico:** RH define o programa de treinamento, mas a logística pode ter necessidades imediatas (operação de equipamentos, sistemas de rastreamento). | Danos a mercadorias durante o transporte. | Perdas financeiras com mercadorias danificadas. |
| | **Gestão de desempenho:** metas de logística (prazos de entrega, custos de transporte) podem conflitar com a capacidade da equipe (avaliada pelo RH). | Perda de clientes devido à falta de confiança na entrega. | Perda de receita devido à perda de clientes. |
| | **Segurança no transporte:** RH foca a segurança dos profissionais, enquanto a logística vê esse cuidado como um obstáculo à eficiência. | Aumento de acidentes de trabalho. | Custos com reparos de veículos ou tratamento de colaboradores após acidentes de trabalho. |

| Áreas funcionais | Conflitos de interesse | Repercussões operacionais | Repercussões financeiras |
|---|---|---|---|
| RH vs. marketing | Orçamento para contratação: marketing necessita de profissionais especializados, mas RH precisa equilibrar os custos de contratação com o orçamento disponível. | Campanhas de marketing ineficazes, com baixo retorno. | Gastos excessivos com campanhas ineficazes. |
| | Perfil dos profissionais: marketing busca profissionais com habilidades específicas e criatividade, enquanto RH precisa garantir compatibilidade com a cultura da empresa e adequação às normas. | Dificuldade em atrair e reter talentos de marketing. | Custos com contratação e demissão de profissionais não identificados com a cultura da empresa. |
| | Gestão de desempenho: metas de marketing (aumento de leads, conversões) podem ser conflitantes com a capacidade da equipe (avaliada pelo RH) e os recursos disponíveis. | Comunicação inconsistente e confusa. | Baixo retorno sobre o investimento em marketing. |
| | Imagem da empresa: podem surgir conflitos relativos a como a marca é representada interna e externamente; RH precisa garantir a harmonia da imagem com os valores da empresa. | Danos à imagem da empresa devido à comunicação inadequada. | Perda do valor da empresa no mercado (brand equity). |

| Áreas funcionais | Conflitos de interesse | Repercussões operacionais | Repercussões financeiras |
|---|---|---|---|
| Finanças vs. produção | **Orçamento de produção:** finanças busca otimizar custos e controlar gastos, enquanto produção precisa de recursos suficientes para atender à demanda e manter a qualidade. | Perda de eficiência. | Aumento dos custos de produção devido à ineficiência produtiva. |
| | **Investimentos em equipamentos e tecnologia:** finanças avalia o retorno sobre o investimento (ROI) antes de aprovar novas aquisições, enquanto produção pode necessitar de equipamentos atualizados, muitas vezes em curto prazo, para aumentar a eficiência. | Redução da produtividade por falta de recursos ou equipamentos obsoletos. | Perda de vendas devido à falta de produtos ou à baixa qualidade. |
| | **Controle de estoque:** finanças busca minimizar o estoque para reduzir os custos de armazenamento e a imobilização dos recursos em produtos estocados, enquanto a produção precisa de matéria-prima e embalagens suficientes. | Paradas na produção devido à falta de matéria-prima ou de embalagens. | Oportunidades financeiras perdidas devido a atrasos na produção. |
| | **Priorização de projetos:** finanças pode priorizar projetos com maior retorno financeiro, enquanto a produção pode defender projetos essenciais para a eficiência operacional mesmo que o retorno financeiro seja menor a curto prazo. | Diminuição da qualidade dos produtos. | Redução da lucratividade. |

| Áreas funcionais | Conflitos de interesse | Repercussões operacionais | Repercussões financeiras |
|---|---|---|---|
| Finanças vs. logística | **Custos de transporte e armazenagem:** finanças busca reduzir custos logísticos ao mínimo, enquanto a logística precisa de recursos suficientes para garantir a eficiência e confiabilidade das operações. | Atrasos nas entregas. | Aumento dos custos com fretes emergenciais ou atrasos nas entregas. |
| | **Investimentos em tecnologia:** finanças avalia o retorno sobre o investimento (ROI) antes de aprovar novas tecnologias (sistemas de rastreamento, softwares de gestão de armazém, etc.), enquanto a logística busca otimizar processos e reduzir custos com tecnologias. | Danos a mercadorias durante o transporte ou armazenagem. | Perdas financeiras com mercadorias danificadas ou extraviadas. |
| | **Níveis de estoque:** finanças busca minimizar o estoque para reduzir custos de armazenamento, enquanto a logística precisa de níveis adequados de estoque para atender à demanda e evitar atrasos nas entregas. | Perda de clientes devido à falta de confiabilidade na entrega. | Custos adicionais com armazenagem excessiva. |
| | **Escolha de fornecedores e transportadores:** finanças pode priorizar fornecedores com preços mais baixos, mesmo que isso implique em qualidade inferior ou prazos de entrega mais dilatados, enquanto a logística busca fornecedores e transportadores confiáveis, mesmo que mais caros. | Ineficiência nos processos logísticos. | Perda de receita devido à perda de clientes. |

| Áreas funcionais | Conflitos de interesse | Repercussões operacionais | Repercussões financeiras |
|---|---|---|---|
| Finanças vs. marketing | Orçamento de marketing: finanças busca controlar os gastos em marketing, enquanto marketing precisa de recursos para implementar estratégias eficazes. | Dificuldade em mensurar o impacto real das ações de marketing. | Desperdício de recursos em campanhas com baixo retorno. |
| | Retorno sobre o investimento (ROI): finanças exige demonstração clara do ROI de cada campanha, enquanto marketing pode ter dificuldades em medir o impacto de algumas ações a curto prazo. | Dificuldade em justificar o investimento em marketing para a alta direção. | Perda de oportunidades de mercado por falta de agilidade nas ações. |
| | Priorização de campanhas: finanças pode priorizar campanhas com maior potencial de retorno financeiro imediato, enquanto marketing pode defender campanhas de branding ou de longo prazo, com retorno menos imediato, mas cruciais para a construção da marca. | Campanhas de marketing desalinhadas com os objetivos financeiros da empresa. | Redução do orçamento de marketing devido a resultados abaixo do esperado. |
| | Canais de marketing: finanças pode questionar o custo de determinados canais de marketing (patrocínios, eventos etc.), enquanto marketing busca a melhor estratégia para alcançar o público-alvo, mesmo que alguns canais sejam mais dispendiosos. | Dificuldade em obter aprovação para investimentos em novos canais de marketing. | Falta de compreensão sobre o retorno financeiro de cada canal de marketing. |

| Áreas funcionais | Conflitos de interesse | Repercussões operacionais | Repercussões financeiras |
|---|---|---|---|
| Produção vs. logística | **Planejamento da produção e entrega:** por vezes, o volume produzido oscila em razão de diversas variáveis (quebra de equipamentos, turnover, absenteísmo, etc.), enquanto a logística enfrenta desafios na previsão da demanda, o que afeta o planejamento de movimentações e entregas. | Atrasos nos processos produtivos. | Multas por descumprimento de prazos. |
| | **Prazo de entrega:** produção busca cumprir prazos, mas atrasos na logística podem impactar esses prazos. | Insatisfação dos clientes devido a atrasos nas entregas. | Perda de receita devido a atrasos nas entregas ou à insatisfação dos clientes. |
| | **Qualidade do transporte:** a produção busca garantir a qualidade do produto acabado, mas problemas logísticos (mau acondicionamento, manuseio inadequado, etc.) podem danificar os produtos. | Produtos danificados durante o transporte. | Perdas com produtos danificados ou descartados. |
| | **Disponibilidade de matéria-prima e embalagens:** a logística é responsável pelo fornecimento de matéria-prima e embalagens, mas atrasos ou falta de materiais podem interromper a produção. | Paradas na produção por falta de matéria-prima ou embalagens. | Custos adicionais com produção em regime de urgência. |
| | **Capacidade de armazenagem:** a logística gerencia a capacidade de armazenagem, mas a produção precisa de espaço adequado para estocar produtos acabados, às vezes com picos de volume, podendo gerar conflitos por espaço. | Redução da produtividade. | Custos com armazenagem inadequada. |

| Áreas funcionais | Conflitos de interesse | Repercussões operacionais | Repercussões financeiras |
|---|---|---|---|
| Produção vs. marketing | **Níveis de produção e demanda:** marketing pode prometer prazos de entrega ou quantidades a que a produção não consegue atender, gerando divergências. | Atrasos na entrega de produtos aos clientes. | Perda de vendas/ receitas por falta de produtos em estoque. |
| | **Qualidade versus custo:** marketing pode priorizar produtos com características específicas que aumentam os custos de produção, gerando atritos sobre viabilidade. | Produtos com qualidade inferior devido à falta de recursos para investir em melhorias. | Custos adicionais com retrabalho e descarte de produtos defeituosos. |
| | **Lançamento de novos produtos:** marketing define o cronograma de lançamento, mas a produção precisa de tempo suficiente para desenvolver e testar o produto, podendo haver divergências. | Dificuldade em atender à nova demanda do mercado devido a problemas na produção. | Perda de participação de mercado para concorrentes mais ágeis. |
| | **Personalização de produtos:** marketing pode solicitar opções de personalização que aumentam a complexidade e os custos de produção, causando conflitos sobre viabilidade. | Dificuldade em equilibrar a qualidade e o custo dos produtos. | Custos elevados com personalização de produtos que não geram valor para o cliente. |
| | **Embalagem e apresentação:** marketing define como o produto será apresentado, mas a produção precisa garantir que a embalagem seja eficiente e viável em termos de custo e praticidade. | Embalagens inadequadas que danificam os produtos durante o transporte. | Custos adicionais com embalagens especiais para atender às exigências do marketing. |

| Áreas funcionais | Conflitos de interesse | Repercussões operacionais | Repercussões financeiras |
|---|---|---|---|
| Logística vs. marketing | **Prazo de entrega e campanhas promocionais:** marketing pode lançar campanhas com prazos de entrega muito curtos, que a logística não consegue cumprir. | Insatisfação dos clientes com os prazos de entrega. | Aumento dos custos de transporte devido à necessidade de entregas mais rápidas. |
| | **Embalagem e transporte:** marketing pode exigir embalagens atraentes, mas mais caras ou complexas de transportar. | Dificuldade em encontrar fornecedores de embalagens que atendam às exigências do marketing. | Custos adicionais com embalagens mais caras e complexas. |
| | **Canais de distribuição:** marketing pode querer expandir os canais de distribuição, mas a logística precisa avaliar viabilidade e custos. | Dificuldade em gerenciar a logística de distribuição em novos canais. | Custos adicionais com a abertura de novos canais de distribuição. |
| | **Localização estratégica de estoques:** marketing pode sugerir localizações de estoque mais próximas dos clientes, mas a logística precisa avaliar os custos de armazenagem e transporte. | Dificuldade em prever a demanda em diferentes regiões. | Custos adicionais com a manutenção de estoques em locais estratégicos. |
| | **Promoções e ofertas:** marketing pode lançar promoções que resultam em picos de demanda inesperados, gerando dificuldades para a logística atender à demanda. | Dificuldade em garantir a qualidade dos produtos e do nível de serviço durante os picos de demanda. | Custos adicionais com a manutenção de estoques em locais estratégicos. |

***Apêndice B*** – *Boas práticas de gestão em diferentes áreas funcionais*

| Área funcional | Boas práticas de gestão | Propósitos e aplicações | Limitações |
|---|---|---|---|
| Recursos Humanos (RH) | • Contratação focada em competências.<br>• Treinamento contínuo e desenvolvimento de colaboradores.<br>• Avaliação regular de desempenho.<br>• Cultura organizacional positiva.<br>• Gestão de conflito eficaz.<br>• Engajamento dos colaboradores.<br>• Cadastros atualizados.<br>• Planejamento de reposição de mão de obra.<br>• Compliance trabalhista. | • Aumentar a produtividade.<br>• Melhorar a qualidade dos produtos ou serviços.<br>• Aumentar a rentabilidade da empresa.<br>• Reduzir a rotatividade da mão de obra.<br>• Formar equipes engajadas.<br>• Melhorar o clima organizacional.<br>• Fortalecer a imagem da empresa.<br>• Reduzir custos com recrutamento e seleção.<br>• Assegurar a conformidade legal. | • Recursos limitados para treinamento e desenvolvimento.<br>• Falta de expertise interna em gestão de RH.<br>• Tempo limitado para implementar boas práticas.<br>• Resistência a mudanças por parte dos colaboradores.<br>• Dificuldade em mensurar o retorno de alguns investimentos. |

| Área funcional | Boas práticas de gestão | Propósitos e aplicações | Limitações |
|---|---|---|---|
| Finanças | • Controle austero do fluxo de caixa.<br>• Orçamento empresarial detalhado.<br>• Gestão eficiente das contas a pagar e receber.<br>• Gestão eficaz de fornecedores.<br>• Adequação entre fontes (financiamentos) e aplicação de recursos.<br>• Controle rigoroso de custos e despesas.<br>• Gestão efetiva dos tributos.<br>• Análise de indicadores financeiros (atividade, liquidez, endividamento, lucratividade).<br>• Metas/previsão de vendas realistas.<br>• Investimentos em tecnologia financeira. | • Prevenir problemas de liquidez.<br>• Garantir a solvência.<br>• Otimizar o capital de giro.<br>• Reduzir custos financeiros<br>• Tomar decisões estratégicas baseadas em dados.<br>• Aumentar a rentabilidade.<br>• Garantir o cumprimento estrito das obrigações tributárias e fiscais.<br>• Apoiar o crescimento sustentável da empresa<br>• Atrair investidores.<br>• Maximizar o retorno sobre o investimento. | • Falta de conhecimento em gestão financeira.<br>• Falta de acesso a linhas de crédito próprias para pequenos negócios.<br>• Sistemas e controles financeiros inadequados, ou falta deles.<br>• Complexidade da legislação tributária.<br>• Dificuldade em prever cenários econômicos. |

| Área funcional | Boas práticas de gestão | Propósitos e aplicações | Limitações |
|---|---|---|---|
| Produção | • Planejamento eficiente da produção.<br>• Controle de qualidade rigoroso dos processos.<br>• Otimização do layout da produção.<br>• Manutenção preventiva de máquinas, equipamentos, instalações, etc.<br>• Gestão rigorosa e eficiente dos estoques (com kanban, p. ex.).<br>• Treinamentos específicos da mão de obra de produção.<br>• Monitoramento de indicadores de produção ligados a eficiência, eficácia e efetividade.<br>• Melhorias contínuas nos processos produtivos (kaizen).<br>• Gestão da segurança do trabalho<br>• Uso intensivo de tecnologias de produção. | • Aumentar a produtividade.<br>• Mitigar desperdícios.<br>• Melhorar a qualidade dos produtos ou serviços ofertados.<br>• Reduzir os custos de produção.<br>• Garantir a segurança dos colaboradores no ambiente de trabalho.<br>• Minimizar acidentes de trabalho.<br>• Cumprir lead time e prazos de entrega.<br>• Aumentar a satisfação do cliente.<br>• Aumentar a lucratividade da operação.<br>• Aumentar a competitividade em mercados concorridos. | • Recursos limitados para investimento em tecnologia de produção e modernização dos equipamentos produtivos.<br>• Limitação de espaço físico.<br>• Falta de mão de obra qualificada.<br>• Dificuldade em implementar sistemas de gestão mais sofisticados.<br>• Demanda imprevisível. |

| Área funcional | Boas práticas de gestão | Propósitos e aplicações | Limitações |
|---|---|---|---|
| Logística | • Gestão eficiente dos estoques.<br>• Desenvolvimento de parcerias com fornecedores confiáveis.<br>• Otimização de rotas de entrega.<br>• Monitoramento de entregas em tempo real.<br>• Uso de tecnologias de rastreamento.<br>• Negociação para fretes com custos competitivos.<br>• Planejamento da capacidade transportada.<br>• Otimização das movimentações.<br>• Otimização da armazenagem.<br>• Controle adequado dos custos logísticos. | • Reduzir custos de transporte.<br>• Minimizar atrasos nas entregas.<br>• Otimizar o tempo de entrega.<br>• Melhorar a satisfação dos clientes.<br>• Aumentar a eficiência logística.<br>• Garantir a segurança na cadeia de abastecimento.<br>• Reduzir perdas e danos.<br>• Fortalecer a imagem da empresa.<br>• Melhorar a competitividade em mercados de muita concorrência. | • Custos iniciais de implantação de tecnologias.<br>• Dificuldades para estabelecer parcerias com fornecedores confiáveis.<br>• Falta de infraestrutura nacional adequada.<br>• Concorrência acirrada no setor de transporte.<br>• Imprevisibilidade da demanda. |

| Área funcional | Boas práticas de gestão | Propósitos e aplicações | Limitações |
|---|---|---|---|
| Marketing | • Definição clara do público-alvo.<br>• Pesquisa de mercado consistente.<br>• Desenvolvimento de uma identidade de marca forte.<br>• Estratégia de comunicação integrada.<br>• Uso eficaz do marketing digital (SEO, redes sociais, etc.).<br>• Gestão do relacionamento com o cliente (CRM).<br>• Monitoramento dos resultados de campanhas.<br>• Análise da concorrência.<br>• Ações promocionais estratégicas.<br>• Proposta de valor clara e concisa. | • Aumentar o reconhecimento da marca.<br>• Gerar leads qualificados.<br>• Converter leads em clientes.<br>• Fidelizar clientes.<br>• Construir uma imagem positiva da empresa.<br>• Aumentar as vendas.<br>• Aumentar o market share.<br>• Fortalecer a imagem da marca.<br>• Construir relacionamentos mais duradouros com os clientes.<br>• Melhorar a rentabilidade. | • Recursos limitados para ações de marketing.<br>• Falta de expertise interna em marketing digital.<br>• Concorrência acirrada.<br>• Mudanças rápidas nas tendências de mercado.<br>• Dificuldades em mensurar o retorno sobre investimento (ROI). |

# Referências


ABRUCIO, F. L.; LOUREIRO, M. R.; PACHECO, R. S. (org.). **Burocracia e política no Brasil**: desafios para o estado democrático no século XXI. Rio de Janeiro: FGV, 2010.

ALMEIDA, A. C. R. F. **Gestão de operações para produtos e serviços**. São Paulo: Editora Senac São Paulo, 2023. (Série Universitária).

ALMEIDA, E.; TAVARES, F.; FORNAZIN, M. **Marketing ecosófico**: o novo olhar para o marketing empresarial (rizoma verde, sustentabilidade, ESG). Rio de Janeiro: Editora Senac Rio, 2024.

ANTONOVZ, T. **Contabilidade de custos**. São Paulo: Editora Senac São Paulo, 2023. (Série Universitária).

ANTONOVZ, T. **Contabilidade socioambiental para um futuro sustentável**. São Paulo: Editora Senac São Paulo, 2024. (Série Universitária).

ANTONOVZ, T. **Sistemas contábeis**. São Paulo: Editora Senac São Paulo, 2024. (Série Universitária).

ARIELY, D.; KREISLER, J. **A psicologia do dinheiro**: descubra como as emoções influenciam nossas escolhas financeiras e aprenda a tomar decisões mais inteligentes. Rio de Janeiro: Sextante, 2023.

ASSAF NETO, A. **Finanças corporativas e valor**. 8. ed. São Paulo: Atlas, 2021.

ASSAF NETO, A. A.; LIMA, F. G. **Curso de administração financeira**. 4. ed. São Paulo: Atlas, 2019.

ASSEF, R. **Guia prático de formação de preços**: aspectos mercadológicos, tributários e financeiros para pequenas e médias empresas. 4. ed. Rio de Janeiro: Elsevier, 2010.

BERNARDI, L. A. **Manual de formação de preços**: políticas, estratégias e fundamentos. 3. ed. São Paulo: Atlas, 2007.

BEULKE, R.; BERTÓ, D. J. **Precificação**: sinergia do marketing + finanças. 2. ed. São Paulo: Saraiva, 2013.

BITTAR, A. **Gestão de custos logísticos**. São Paulo: Editora Senac São Paulo, 2021.

BLEIL, C. **Gestão de custos**: métodos de custeio e estratégias na cadeia de valor. Curitiba: Juruá, 2020.

BLOCHER, E. J. *et al.* **Cost management**: a strategic emphasis. 7. ed. Boston: McGraw Hill, 2015.

BOMFIM, E. A.; PASSARELLI, J. **Custos e formação de preços**. 7. ed. São Paulo: IOB, 2011.

BORNIA, A. C. **Análise gerencial de custos**: aplicação em empresas modernas. 3. ed. São Paulo: Atlas, 2010.

BRUNI, A. L.; FAMÁ, R. **Gestão de custos e formação de preços**: com aplicações na calculadora HP 12C e Excel. 7. ed. São Paulo: Atlas, 2019.

CAMILO, J. A. O. (org.). **Gestão de pessoas**: práticas de recursos humanos na era digital. São Paulo: Editora Senac São Paulo, 2021.

CÂNDIDO, G. **Cadeia de suprimentos e processos**. São Paulo: Editora Senac São Paulo, 2023. (Série Universitária).

CARDOSO, C. R. **Gestão integrada de riscos, controle e compliance**. São Paulo: Editora Senac São Paulo, 2023. (Série Universitária).

CAROSELLI, M. **Relações pessoais no trabalho**. Rio de Janeiro: Editora Senac Rio, 2013. (Série Profissional).

CARVALHO, G. M. B. **Contabilidade ambiental**: teoria e prática. 3. ed. Curitiba: Juruá, 2020.

CASTRO, R. C. M. L. **Gestão do conhecimento**. São Paulo: Editora Senac São Paulo, 2024. (Série Universitária).

CHEN, K.; KRAKOVSKY, M. **Segredos da economia comportamental**: entenda como pensam os consumidores e faça seu negócio crescer. Porto Alegre: Bookman, 2011.

COELHO, F. S. **Formação de preço de produtos e serviços**: modelo tridimensional de percepção relativa do produto, estratégias de preços e posicionamento da margem de lucro frente aos concorrentes. [*S. l.*]: Fabiano Coelho, 2018.

COESTIR, B.; MARETTE, S. **Economia da qualidade**. São Paulo: Editora Senac São Paulo, 2021.

COKINS, G. **Activity-based cost management in government**. 2 ed. [*S. l.*]: Management Concepts, 2006.

CONTADOR, J. C. **Campos e armas da competição**: novo modelo de estratégia. São Paulo: Saint Paul, 2008.

CORRERA, C. **Gestão de trade de marketing e canais de vendas**. São Paulo: Editora Senac São Paulo, 2023. (Série Universitária).

COSTA, T. R. M. **Logística digital**. São Paulo: Editora Senac São Paulo, 2023. (Série Universitária).

CREPALDI, S. A.; CREPALDI, G. S. **Contabilidade de custos**. 7. ed. São Paulo: Atlas, 2023.

CUSTO Brasil do setor logístico deve consumir 13,3% do PIB em 2022. **Associação Brasileira de Operadores Logísticos**, [*s. l.*], 14 set. 2022. Disponível em: https://abolbrasil.org.br/noticias/noticias-do-setor/custo-brasil-do-setor-logistico-deve-consumir-133-do-pib-em-2022. Acesso em: 11 fev. 2025.

CUSTO Brasil: país perde o equivalente a 20% do PIB com ineficiência. **Agência de Notícias da Indústria**, Brasília, DF, 18 jul. 2024. Disponível em: https://noticias.portaldaindustria.com.br/especiais/custo-brasil-pais-perde-o-equivalente-a-20-do-pib-com-ineficiencia/. Acesso em: 11 fev. 2025.

D'ELIA, B. B. **O profissional de recursos humanos**. São Paulo: Editora Senac São Paulo, 2021.

D'ONOFRIO, E. **Gestão de canais de marketing**. 2. ed. São Paulo: Editora Senac São Paulo, 2024. (Série Universitária).

DAMASIO, A. R. **O erro de Descartes**: emoção, razão e o cérebro humano. São Paulo: Companhia das Letras, 2006.

DIAS, M. A. **Introdução à logística**: fundamentos, práticas e integração. São Paulo: Atlas, 2017.

DUBOIS, A.; KULPA, L.; SOUZA, L. E. **Gestão de custos e formação de preços**: conceitos, modelos e ferramentas. 4. ed. São Paulo: Atlas, 2019.

DUTRA, R. G. **Custos**: uma abordagem prática. 8. ed. São Paulo: Atlas, 2017.

EMPRESA DE PLANEJAMENTO E LOGÍSTICA S. A.; OBSERVATÓRIO NACIONAL DE TRANSPORTE E LOGÍSTICA. **O custo Brasil e seus impactos na cadeia produtiva**. Brasília, DF: ONTL, 2020. (Boletim de Logística).

FARIA, A. C.; COSTA, M. F. G. **Gestão de custos logísticos**: custeio baseado em atividade (ABC), balanced scorecard (BSC), valor econômico agregado (EVA). São Paulo: Atlas, 2005.

FARIA, J. J. P. **Economia ambiental & contabilidade ambiental**: internalizando os custos ambientais nos custos dos bens e serviços produzidos. [*S. l.*]: [*s. n.*], 2020.

FEBRABAN. **Como fazer os juros serem mais baixos no Brasil**: uma proposta dos bancos ao governo, Congresso, Judiciário e à sociedade. São Paulo: Febraban, 2018.

FERREIRA, V. R. M. **Psicologia econômica**: estudo do comportamento econômico e da tomada de decisão. Rio de Janeiro: Elsevier, 2008. (Coleção Expo Money Pro).

FIDELIS, G. J.; BANOV, M. R. **Gestão de recursos humanos**: tradicional e estratégica. 3. ed. São Paulo: Érica, 2017.

FONTOURA, F. B. B. **Gestão de custos**: uma visão integradora e prática dos métodos de custeio. São Paulo: Atlas, 2013.

FREZATTI, F. **Orçamento empresarial**: planejamento e controle gerencial. 6. ed. São Paulo: Atlas, 2015.

GIL, A. L. *et al.* **Gestão de tributos na empresa moderna**. São Paulo: Editora Senac São Paulo, 2011.

GLAD, E.; BECKER, H. **Activity based costing**. [*S. l.*]: Juta, 2002.

GOLEMAN, D. **Inteligência emocional**: a teoria revolucionária que redefine o que é ser inteligente. Rio de Janeiro: Objetiva, 1996.

GOULART, V. D. G.; CAMPOS, A. **Logística de transporte**: gestão estratégica no transporte de cargas. São Paulo: Érica, 2018.

GRAGLIA, M. V.; HUELSEN, P. **Inovação e competitividade**. São Paulo: Editora Senac São Paulo, 2023.

HICKS, D. T. **Activity-based costing**: making it work for small and mid-sized companies. 2. ed. [*S. l.*]: John Wiley & Sons, 2002.

HILL, P. **O preço é o lucro**: como multiplicar a lucratividade do seu negócio por meio da gestão profissional dos preços. São Paulo. Autêntica Business, 2020.

HIRANO, H. **JIT implementation manual**: the complete guide to just-in-time manufacturing. 2 ed. Boca Raton: CRC Press, 2009. 6 v.

HORNGREN, C. T.; DATAR, S. M.; RAJAN, M. V. **Cost accounting**: a managerial emphasis. 14 ed. Upper Saddle River: Pearson Prentice Hall, 2011.

IGLESIAS, M. C.; PADOVESI, G. K. **Finanças comportamentais e arquitetura de escolhas**: como prever a irracionalidade do mercado e criar soluções financeiras humanizadas. Rio de Janeiro: Alta Books, 2024.

IMAI, M. **Kaizen (ky'zen)**: the key to Japan's competitive success. New York: McGraw-Hill, 1986.

IUDÍCIBUS, S.; MELLO, G. R. **Análise de custos**: uma abordagem quantitativa. São Paulo: Atlas, 2013.

KAHNEMAN, D.; SLOVIC, P.; TVERSKY, A. (ed.). **Judgment under uncertainty**: heuristics and biases. New York: Cambridge University Press, 1982.

KAPLAN, R. S.; ANDERSON, S. R. **Time-driven activity-based costing**: a simpler and more powerful path to higher profits. Bostom: Harvard Business School Press, 2007.

KAPLAN, R. S.; COOPER, R. **Custo e desempenho**: administre seus custos para ser mais competitivo. São Paulo: Futura, 1988.

KAPLAN, R. S.; NORTON, D. P. **A estratégia em ação**: balanced scorecard. Rio de Janeiro: Elsevier, 1997.

KAPLAN, R. S.; NORTON, D. P. **Mapas estratégicos**: balanced scorecard: convertendo ativos intangíveis em resultados. Rio de Janeiro: Elsevier, 2018.

KASSAI, J. R.; CARVALHO, N.; KASSAI, J. R. S. **Contabilidade ambiental**: relato integrado e sustentabilidade. São Paulo: Atlas, 2019.

KUSTERS, D. **Comportamento de consumo**. 2. ed. São Paulo: Editora Senac São Paulo, 2023. (Série Universitária).

LAS CASAS, A. L. **Administração de marketing**. 2. ed. São Paulo: Atlas, 2019.

LEAL, E. **Operações e serviços**: logística e gestão da cadeia de suprimentos. São Paulo: Editora Senac São Paulo, 2024. (Série Universitária).

LEONE, G. S. G.; LEONE, R. J. G. **Curso de contabilidade de custos**: contém critérios do custeio ABC aplicação de métodos quantitativos. 4. ed. São Paulo: Atlas, 2010.

LEONE, G. S. G.; LEONE, R. J. G. **Os 12 mandamentos da gestão de custos**. Rio de Janeiro: Editora FGV, 2007.

LIKER, J. K. **O modelo Toyota**: 14 princípios de gestão do maior fabricante do mundo. Porto Alegre: Bookman, 2021.

LIMA, Décio. As pequenas empresas e o paradoxo do PIB brasileiro. **Agência Sebrae de Notícias**, Brasília, DF, 29 fev. 2024. Disponível em: https://agenciasebrae.com.br/economia-e-politica/as-pequenas-empresas-e-o-paradoxo-do-pib-brasileiro/. Acesso em: 12 fev. 2025.

LOBO, R. N.; SILVA, D. L. **Planejamento e controle da produção**. 2. ed. São Paulo: Érica, 2021.

LOPES, S. D. *et al.* Aplicação dos métodos de custeio TDABC e variável na gestão de pequenas e médias empresas do setor faccionista têxtil. *In*: CONGRESSO BRASILEIRO DE CUSTOS, 31., 2024, São Paulo. **Anais** [...]. São Leopoldo: Associação Brasileira de Custos, 2024. Disponível em: https://anaiscbc.emnuvens.com.br/anais/article/view/5153/5166. Acesso em: 11 fev. 2025.

LUCAS, A. **Gestão de pessoas e liderança**. São Paulo: Editora Senac São Paulo, 2020. (Série Universitária).

MALVESSI, O. **Como criar valor na sua empresa**: método VEC. São Paulo: All Print, 2023.

MARTINS, E. **Contabilidade de custos**. 11. ed. São Paulo: Atlas, 2018.

MARTINS, E.; ROCHA, W. **Métodos de custeio comparados**: custos e margens analisados sob diferentes perspectivas. 2. ed. São Paulo: Atlas, 2015.

MATESCO, V. R.; SCHENINI, P. H. **Economia para não economistas**. 8. ed. Rio de Janeiro: Editora Senac Rio, 2014.

MAUAD, R. P. **Finanças corporativas**. São Paulo: Editora Senac São Paulo, 2024. (Série Universitária).

MAYER, L. T. **Análise e gestão de custos**. São Paulo: Editora Senac São Paulo, 2023.

MENDES, S. **Administração financeira e orçamentária**: teoria e questões. 7. ed. São Paulo: Método, 2020.

OLIVEIRA, L. **Gestão de pricing**: gestão estratégica & rentabilidade. São Paulo: Poligrafia, 2021.

OLIVEIRA, M. A. **Administração da produção**. São Paulo: Editora Senac São Paulo, 2023. (Série Universitária).

OLIVEIRA, M. A. **Logística empresarial**. São Paulo: Editora Senac São Paulo, 2023.

ONCIOIU, I.; COKINS, G.; CĂPUŞNEANU, S. (ed.). **Management accounting standards for sustainable business practices**. Hershey: IGI Global, 2019.

PACHECO, F. R. **Indicadores, métricas e monitoramento de resultados**. São Paulo: Editora Senac São Paulo, 2023. (Série Universitária).

PASSOS, A. **Inteligência de mercado e competitividade**. São Paulo: Editora Senac São Paulo, 2023. (Série Universitária).

PEREIRA, M. C. B. **RH essencial:** gestão estratégica de pessoas e competências. 2. ed. São Paulo: Saraiva, 2020.

PINTO, A. A. G. *et al.* **Gestão de custos**: contabilidade e auditoria. 4. ed. Rio de Janeiro: FGV, 2018.

PONTES, G. L. B. **Impostos e tributos no Brasil**: uma abordagem prática. São Paulo: Editora Senac São Paulo, 2023.

RABAGLIO, M. O.; PERES, T, R. **Gestão de pessoas**: recrutamento e seleção com foco em soft skills. São Paulo: Editora Senac São Paulo, 2024.

RIBEIRO, A.; SOBREIRA, E. **Marketing estratégico**: planejamento, posicionamento e gestão. São Paulo: Editora Senac São Paulo, 2023. (Série Universitária).

RIBEIRO, O. M. **Contabilidade de custos fácil**. 9. ed. São Paulo: Saraiva, 2015.

RIBEIRO, O. M. **Contabilidade de custos**. 10. ed. São Paulo: Saraiva, 2017.

RIGON, É. L. B. **Controladoria, custos e contabilidade tributária**. São Paulo: Editora Senac São Paulo, 2024. (Série Universitária).

RIGON, É. L. B. **Prática de auditoria e gestão tributária**. São Paulo: Editora Senac São Paulo, 2024. (Série Universitária).

RIZZO, L. A. **Autoliderança**. São Paulo: Editora Senac São Paulo, 2024. (Série Universitária).

ROCHA, E. C. O. **Liderança contemporânea**: influenciando pessoas e grupos na busca por resultados sustentáveis. São Paulo: Editora Senac São Paulo, 2020. (Série Universitária).

ROCHA, E. C. O. **Relações humanas nas organizações**. São Paulo: Editora Senac São Paulo, 2020. (Série Universitária).

ROSE-ACKERMAN, S.; PALIFKA, B. J. **Corrupção e governo**: causas, consequências e reformas. Rio de Janeiro: FGV Editora, 2020.

SALGADO, T. T. **Logística**: práticas, técnicas e processos de melhoria. 4. ed. São Paulo: Editora Senac São Paulo, 2023.

SANTARÉM, R.; SOARES, D. **Coaching de liderança:** provocações e reflexões. Rio de Janeiro: Editora Senac Rio, 2023.

SANTOS, E. O. **Administração financeira da pequena e média empresa**. São Paulo: Atlas, 2001.

SANTOS, J. J. **Manual de contabilidade e análise de custos**. São Paulo: Atlas, 2013.

SANTOS, T. J. R. **A insegurança jurídica no contexto do ordenamento jurídico brasileiro**: breves considerações. São Paulo: Clube de Autores, 2023.

SARDINHA, J. C. **Formação de preço**: uma abordagem prática por meio da análise custo-volume-lucro. São Paulo: Atlas, 2013.

SCAVASSA, F. **Gestão de custos da qualidade**. São Paulo: Editora Senac São Paulo, 2023. (Série Universitária).

SCHNEIDER, B. R. **Burocracia pública e política industrial no Brasil**. São Paulo: Sumaré, 1994.

SEMINÁRIO Custo-Brasil: diálogo com o Congresso Nacional. Rio de Janeiro: CNI: Decom, 1995. (Série eventos; 1).

SHANK, J. K.; GOVINDARAJAN, V. **Gestão estratégica de custos:** a nova ferramenta para a vantagem competitiva. Rio de Janeiro: Campus, 1995.

SHEFRIN, H. **Beyond greed and fear**: understanding behavioral finance and the psychology of investing. Oxford: Oxford University Press, 2006.

SHILLER, R. J. **A nova ordem financeira**: o risco no século XXI. Lisboa: Actual, 2015.

SILVA, C. P. **Administração da produção para administradores**. São Paulo: Editora Senac São Paulo, 2019. (Série Universitária).

SOUSA, J. M. **Gestão de operações e serviços**: técnicas e estratégias. São Paulo: Editora Senac São Paulo, 2024. (Série Universitária).

SOUSA, J. M. **Impacto ambiental e logística reversa**. São Paulo: Editora Senac São Paulo, 2024. (Série Universitária).

THALER, R. **Misbehaving:** a construção da economia comportamental. Rio de Janeiro: Instrínseca, 2019.

VEIGA, W. E.; SANTOS, F. A. **Contabilidade de custos**: gestão em serviços, comércio e indústria. São Paulo: Atlas, 2016.

WARREN, C.; REEVE, J. M.; FESS P. E. **Contabilidade gerencial**. São Paulo: Pioneira Thomson Learning, 2001.

YANAZE, M. H. **Gestão de marketing e comunicação:** avanços e aplicações. 3. ed. São Paulo: SaraivaUni, 2021.

YASARGIL, M. G. **Custo Brasil**: por que não crescemos como outros países? São Paulo: Saraiva, 2006.

ZAKOVICZ, I. C. B. **Compliance**. São Paulo: Editora Senac São Paulo, 2024. (Série Universitária).